だいじょうぶ。

今野由梨

ダイヤモンド社

はじめに

「あの経験がなければよかった」と思える出来事は、人生で、何ひとつない。

この本の執筆にあたって、80歳を目前にし、自分の半生を、あらためて振り返ったとき、そう「実感」しました。

悔しいことも、つらいことも、割が合わないと思うことも、たくさんありました。けれど、「すべての経験」には意味があり、その経験が積み重なり、つながって、今の自分があるのです。

私は、「人生はジグソーパズル」だと思っています。

この一瞬の出来事に、今日のこの選択に、どのような「意味」があるのか、残念ながら、私たちには、その時点ではわかりません。

自分の手の中にあるジグソーパズルの「ひとつのピース」だけを見ても、そこから、どのような絵ができあがるのか、読み取ることは、むずかしいものです。

でも、このピースが1枚欠けただけでも、ジグソーパズルは完成しません。だから、どんな出来事も、どんな結果も、たとえ「意味がないと感じることの中にも、必ず、大切な意味がある」と思うのです。

無数にある選択肢の中から、私たちは、瞬間的に、無自覚に、無意識に、行動を選び取り、その選択の連続の結果として、「今日の自分」があります。

何十年も前の、「あの日、あのとき、あの一瞬」、自分でも気づかずに、右ではなく左を選んでいたら、「今の自分」は存在しないのです。

でも、なぜ「右を選んだ」かは、わかりませんが、「左を選ぶ人生は存在しえなかった」のです。

私は、すべての出来事には意味があると思っています。けれど、その意味がわかったうえで行動できているわけではありません。
むしろ、その逆です。「何の意味があるのかわからない」ことのほうが圧倒的に多い。その意味に気づくのは、まだ「先」です。時間と、思考と、行動の長い流れの果てに、いつかどこかのタイミングで、

「あぁ、あのときの選択は、こういう意味があったのか」

とわかるときが訪れます。

人生に偶然はない。必ず意味がある。
私は、経験上、そのことがわかっているから、突然のハプニングさえ、受け入れることができます。流れに乗ることができます。人の誘いに応じることができます。どんなことにも感謝することができます。

そうでなければ、ブラジル育ちの20歳の男の子を「養子」にすることはなかったはず

です。「お母さんになってください」と目の前にあらわれ、「あ、そう。いいわよ」と3秒で返事をしたのも、

「今はわからないけれど、きっとこの出会いには、深い意味がある。私にとっても、この子にとっても、大切なジグソーパズルのピースのひとつに違いない」

と思ったからです。


仮に私が、「まさか、知らない子と、一緒に暮らすなんて考えられない」と、その子の願いを断っていたら、「家族をつくることの尊さ」に気づくことはなかったでしょう。


今、あなたがしていることを、あなたがつまらないと思っているかもしれません。

嫌々ながら、しかたなくやらされていることも、あるかもしれません。

誘われただけかもしれません。

好きではあるが、つらいことかもしれません。


けれど、**「すべての出来事には必ず意味がある」**のです。

すぐに答えが出なくても、すぐに結果が出なくても、「この出来事には、必ず意味がある」と、自分に言い聞かせて、もう一歩、もう一歩、前に進んでみる。

ジグソーパズルのピースとピースがつながれば絵柄が広がり、絵柄が広がればやがて**「その出来事はあなたを成長させるための大切な出来事だった」**と気づくことでしょう。

●それでも、心が折れそうなときは

そうは、思ってはいても、苦しみから抜け出せず、心が折れそうになるときがあります。心の痛みに耐えきれず、七転八倒するときがあります。明日の光が見出せず、前に進む一歩が踏み出せないときがあります。

そんなとき、どうすれば、心の痛みを癒すことができるのでしょうか。

「どん底」から這い上がった私の、ひとつの結論。それは、

「自分に訪れる、希望の明日を信じること」

です。今日がつらくても、「明日」があります。「明日」がつらくても、あさってがあります。「明日」という可能性に満ちた日は、いつまでも続いていきます。
たとえ、万策が尽きても、あきらめないでください。藁《わら》でもいいから、つかんでみる。木の葉の舟が流れて来たら、乗ってみる。

「もはや、これまで」と思った、その一歩先に、新しい扉が待っています。

「明日」が今日よりも素晴らしい日になることを、みなさんはまだ、信じられないかもしれません。でも、私にはわかります。

「あの経験がなければよかった」と思える出来事は、人生で、何ひとつないのです。

戦争を命からがら逃げきり、戦後の食糧難をきりぬけたものの、就職活動に全滅し、30歳まで海外を放浪しつつも、女ながらに、ベンチャー起業家としてダイヤル・サービス(株)を立ち上げ、「赤ちゃん110番」「子ども110番」などの「電話相談サービス」を日本中に広め、総務省・通産省・厚労省・金融庁など、44の政府の公職を歴任し、その間、想像を絶する苦難の連続の一方で、幸運にも、1985年に「郵政大臣賞」を受賞、1998年に「世界優秀女性起業家賞」を受賞、そして、2007年に日本の勲章である「旭日中綬章《きょくじつちゅうじゅしょう》」を受章させていただくことができました。

食べることすらできなかった私が、なんとかここまでこれたように、そして、私が応援してきた多くの人々がそうだったように、今がどれほど苦しくても、「明日」を信じていれば、必ず、誰もが自分らしく生きることができます。

誰にでも平等に、可能性に満ちた「明日」が用意されているのです。

人と比べて、決して条件がよかったわけではない私が、ここまで来ることができたのです。だから、あなたなら、きっとできます。

「Everything is going to be okay. Yon can do it!」
（「だいじょうぶ。　きっとできる!」）

苦しければ、立ち止まってもいい。休んでもいい。けれど、そこで終わりにしないで、一歩ずつでいいから、もう一度、前に歩きはじめてください。

明日を信じ、自分を信じていれば、「未来はあなたの思うまま」につくり出していけると信じています。

「絶望しそうなとき、投げ出してしまいそうなとき、そんなときはこの本を開いてほしい」そんな思いを込めて本書を書きました。

本書がささやかでも、あなたのお役に立てますように、心から願ってやみません。

ダイヤル・サービス株式会社　代表取締役社長　今野《こんの》　由梨《ゆり》

『だいじょうぶ。』目次

第1章

生き方を考える

第2章

自分を変える力

Everything is going to be okay

第3章

親と子どもに必要なこと

第4章

健康とストレス

第5章

仕事と働き方

第6章

素晴らしき国、日本に生まれた意味

装丁／重原 隆
装丁イラスト／©Jutta Kuss/gettyimages
本文デザイン・DTP／斎藤 充（クロロス）
編集協力／藤吉 豊（クロロス）
編集担当／飯沼一洋（ダイヤモンド社）

第1章

生き方を考える

001

「本当の復《ふく》讐《しゅう》」とは、許せない相手に心から感謝をすること

私が養子にした息子は、８歳までサンパウロ（ブラジル）で育ち、そのため、はじめて日本に来たときには、現地の言葉であるポルトガル語しか話せませんでした。

子どもの時代は、「言葉」のせいで、日本ではいじめられっ子。強くなりたいとはじめた柔道では、めきめきと頭角をあらわし、ある高校へ特待生として入学しました。

ところが、校内暴力に遭い、学校を辞めることを余儀なくされたのです。

その後、しばらく引きこもり生活を続けた息子は、やがて、新しい道を見つけます。

「起業の道」です。

コンピューターやＩＴ、ソフトウェアの知識を独学で身につけ、18歳で起業。「18歳の起業家誕生」として注目され、当時、ＮＨＫで取り上げられたこともありました。

その後、運命に導かれるように、私と息子は出会います。

息子がかつて、壮絶な暴力を受けたことを知って、私は彼にこう言いました。

「徹底的に復讐《ふくしゅう》しようね。私も一緒にやってあげるから」

復讐といっても、「やられたらやり返す」ような、低次元の復讐ではありません。そんなことのために、自分の大切な時間とエネルギーを使うのはもったいない。

私が息子に教えたのは、「本当の復讐のしかた」です。

「本当の復讐」とは、許せない相手に、いっさいのわだかまりなく「心から感謝を伝えること」です。感謝こそ、最大の復讐です。

「あなたが立派な人になった後、高校時代にあなたに暴力をふるった人たちを招待して、感謝の『会』を開きなさい。**『あの経験がなければ、今の僕はありません。あの経験が僕を強くしてくれました。みなさん、本当に、ありがとうございました』と、いっさいのわだかまりなしに、心の底からお礼を言いなさい。**高校時代の延長線上であの人たちとかかわるのを止めようね。それは、貴重な時間をムダにすることだよ」

アイルランドには、

「泣くな、復讐しろ。最高の復讐は、最高の人生を生きることだ」

という格言があるそうですが、私も、本当にその通りだと思います。あのまま暴力に遭わなければ…、あのまま柔道を続けていたら…、彼は、もしかしたら、オリンピックさえ狙えたほどの才能を持っていました。けれど私は、あえて、言いたい。

「本当に、よかったね」と。

暴力は、彼の心を間違いなく傷つけました。けれど、過酷な試練を乗り越えた先に、今の息子があるからです。

「人生の方向転換」は決して逃げることではありません。同じ所に留まることだけが勇気ではありません。新しい道に進んだ先に、大きな幸せが待っていることもあるのです。

本当の復讐は、「感謝」です。自分を罵倒した人間、行く手を阻んだ人間、傷を負わせた人間、おとしめた人間にさえ「あなたがいてくれたおかげで、私は本当の自分の道を見つけることができました」と心から感謝できる日がきたとき、憎しみの感情を卒業して、本当の意味で、あなたの人生を生きることができるのです。

002

受けた恩は、後からくる人に「倍」にして渡していく

私は、若きベンチャー起業家を応援しているため、「ベンチャーの母」と呼ばれていま す。逆境に立ち、辛酸を舐め、それでも人生を磨こうとする彼らに、過ぎし日の自分を 重ねているのでしょう。

応援するといっても、ただ手を伸ばして、何もせずに時間を浪費する人にまで、エー ルを送るつもりはありません。

口では「試練は尊い」と言いながら何もせず、苦労の中にべったりと座り込んでしま う起業家を大勢見てきました。自分の力で立ち上がろうとはしないで、他人に起こして もらおうとする。そういう人は、いつの間にか、どこかへいなくなっていきます。

私も、たくさんの人に支えられてきましたが、後押ししてくださった方々を忘れたこ とは一度もありません。**受けた恩は、深く心に刻んで、死ぬまで忘れないでしょう。**

私が前任者から引き継いで理事長を務める財団が、不祥事を疑われたことがあります。 私には、まったく身に覚えのないことでした。天地神明に誓って潔白です。けれどマス コミは私を標的にして、毎日、報じました。「女性」の理事長というだけで格好のネタに なるからです。でも、そんな私を、何も聞かずに、信じてくださった方々がいます。

故・橋本龍太郎元首相は、私の名誉挽回のために各省庁の事務次官の方々に、次々と、電話をしてくださいました。「政府税制調査会」の会長だった故・加藤寛《かとうかん》先生は、マスコミやカメラの列が一斉に私に向けられている中で大きな声で話しかけてくださいました。「今野さん、毎日、大変だね。でもメディアは飽きっぽくてすぐに忘れるから、もう少しの辛抱ね。みんなあなたのことを応援しているので、この程度のことで負けないでくださいよ。みんな信じていますからね……」

私はこの瞬間に、「この人をわが生涯の恩人としよう」と決めました（のちに、前任者が財団の財源を不正流用していることが明らかになり、私の無実は証明されました）。

しかし、もし私が本当に悪事を働いていたとしたら、どうなったでしょうか？

橋本龍太郎先生や加藤寛先生たちも責任を問われることになります。そのリスクをあえて取ってまで私を信じてくださったこと。「命に替えても恩返しする」と思うのは、人として当然です。

恩返しとは、「天の恩」、「親の恩」、「人の恩」に報いることです。ですが、「恩返しをしよう」と考えること自体、おこがましいのかもしれません。なぜなら、受けた恩は、海よりも深く山よりも高く、未熟な自分には、とても返しても返しきれないからです。「恩返し」ができないのなら、せめて「恩送《おんおく》り」をしたい。私はそう思っています。「恩送り」とは、受けた恩を直接その人に返すのではなく、助けを求めている、後からくる人々に惜しみなく分け与えていくことです。それこそ、「他人から受けた行為に感謝すること」にほかならないと思います。だから私は、ベンチャー起業家に手を差し伸べているのです。若いベンチャー起業家に、私は常々、こう言っています。

「**私から受けた恩があるとしたら、私に返さなくてもいい。そのかわり、後から続く人たちに倍にして返しなさい**。利益が上がったら、必ずその1％を世のため人のために差し出しなさい。誰にどのように返すかは任せるけれど、その約束は果たしてほしい」

誰かから善意を受けたら、それを相手に返す道もありますが、ほかの誰かに渡していく道もある。自分が受けた恩は、後からくる人間に倍にして返していく。そうやって感謝の連鎖をつないでいく。それこそが、受けた恩の返し方ではないでしょうか。

003

お金は、世のため人のために使うと、幸せがやってくる

私は経営者仲間から、冗談半分に、「あなたは、ホームレスにでもなるつもりか」と笑われることがあります。経営者としてお金を見るときは非常に厳しいのに、個人としてお金を見るときは、「貯める」という発想を、ほとんど持たないからです。

私は、若いベンチャー企業の株を持ってあげることがあります。ですがそれは、「投資をして儲けるため」ではなくて、彼らを励ますためです。

そもそも私は「お金を投資し、お金にお金を稼がせる」という考え方に消極的です。**「お金は額に汗をかいて稼ぐ」もの**。ですから、その企業が成長しても、株を売ったりはしません。それどころか、株を買ったことさえ忘れてしまうことすらあります。

「今野さん、あなたが自分のお金をすべて失くして、家賃も払えなくなって、困窮していく姿を見たくない。若いベンチャーを支援するのは、もう止めてくれ。自分のお金を老後のために確保してほしい。私たちを心配させないでほしい」

ご心配はありがたいのですが、私は「お金はなくても困らない」と考えています。

お金をどれほど貯め込んでも、世の中をよくするために使わないのであれば、それは持っていないことと同じではないでしょうか。

人生にとってのお金のあり方を考えるとき、大切なのは、「貯め方ではなく、使い方」です。**私の母のように、「世のため人のために、お金を使える人」のほうが、笑顔の絶えない人生を送れると思います。**そのように生きていると、「最低限、必要なお金」は、必ず、どこかからか、入ってくるから不思議です。

戦後の貧しさの中で、それでも母は、いつも笑顔でした。誰も笑顔など見せられる時代ではないのに、いつも大きな声で笑い、明るい声で歌っていました。

私自身、人に負けない努力をしてきたつもりですが、いまだに超えることができない人、それは「母」です。

母は、大学を出た私よりも、「人間としての本質」をずっとよく理解していました。当時、「貧しくても笑っていられるのは、母親が愚かだからだ」と思い込んでいましたが、愚かだったのは、私のほうです。

母は、どうしていつも笑顔でいられたのでしょうか。その答えを、亡くなった母、本人に問うことは、もうできませんが、あの環境、あの状況の中で、それでも母が人に与えることができたのは、**「人に何かをしてあげることが、最大の喜びであること」**を知っていたからだと思います。

幸福と裕福は、同じではありません。母は最期まで裕福ではなかったけれど、幸福な人生を送った人でした。

大学を出て、三重県の桑名に帰郷したとき、見知らぬ親子に声をかけられました。

「私たち親子が無事に生き延びたのは、あなたのお母さんに助けていただいたおかげです。本当に、ありがとうございます」

私は、母にはかなわない。けれどせめて、母がそうしたように、「お金は残らなくても、世のため、人のため、日本のためにお金を使おう」と思っています。お金でも、技術でも、時間でもいいから、自分が持っているものを分かち合う。見返りを求めず自分から差し出す。ほんの少しでもいいから「誰かのためにできること」をする。

そうすれば、人間は、裕福にはなれなくても、「幸福になれる」のではないでしょうか。

004

動物にも、人間の「真心」は伝わる

「ネコが空を飛んできた」という話を聞いたときは、涙がこぼれそうになりました。

昔、ダイちゃんというネコを飼っていたことがあります。そのネコは、私の会社「ダイヤル・サービス」が創業して間もないころ、会社の近くの林に捨てられていました。生まれたばかりでカラスにつつかれたのか、血まみれで、すでに衰弱しきっていました。すぐさま「動物病院」に連れて行って獣医さんに診せたところ、驚くべきことを言われたのです。

「あぁ、もう、これは、ダメ。すぐに死んでしまうから、そこに置いてって。あとで処理しておくから」

私は、処理を頼みにきたわけではありません。

「先生、なんとかお願いします。この子を、助けてください！」

何を言っても、先生は動いてくれそうにありません。途方に暮れ、やむなく、そのネコを、自宅に連れて帰りました。

連れて帰ったものの、どうしたらいいのかわかりません。ミルクを飲ませようと、「お皿」にミルクを入れても、まったく、飲めません。
であればと、「脱脂綿」にミルクを沁みこませて飲ませようとしても飲んでくれません。最後の手段とばかりに「口移し」で、息も絶え絶えのネコにミルクを飲ませると、やっと、すこしだけ、ミルクを飲んでくれました。ホッと、一安心したものの、これで回復してくれるのか、皆目、見当はつきませんでしたが、とにかく、毛布でくるんで温めました。

翌朝、ネコちゃんを見てみると、少しだけ顔色がよくなっているのが分かりました。私は必死で介抱を続け、やがて、元気に部屋の中を歩けるようにまで回復しました。私は、そのネコに、ダイヤル・サービスの頭文字をとって、ダイちゃんと名付けたのです。

そのダイちゃんが、5歳になったころ、自宅に怪盗「クモ」という名の有名な「ドロボウ」が入ったことがありました。同じマンション全室が襲われたのですが、なんと、私の部屋だけ、ドロボウが入った形跡はあるものの、まったく、物がなくなっていませんでした。そのドロボウが、捕まったのちに、警察の人が訪ねてきて、教えてくれました。
「あの部屋に入って、物を捕ろうと物色していたら、ネコが空を飛んで、うなり声を上げて、飛びかかってきたので、あわてて部屋の外へ逃げた……」と。

私はその話を聞いたとき、涙がこぼれそうになりました。赤ちゃんのころに命を救ったダイちゃんが、なんと、私の部屋を守るべく、勇敢にもドロボウに体当たりをしたのです。話をしてくれた警官の足下で、ダイちゃんが「フニャー」と鳴いていました。

動物にも人間の「真心」は伝わります。**たとえ、ネコですら「昔の恩」や「今かわいがってもらっている恩」を忘れずに、命がけで、その恩を返そうとするのです。**真心や愛情を込めてした行いは、動物にも、しっかりと、伝わっているのです。

だとすれば、「人間」ならなおのこと。今、現在、人間関係で悩んでいたとしても、あなたが「誰かのために真心を込めてしたこと」は、何年、何十年かして、思わぬ形で、必ず、返ってくるのです。たとえ、その「当人」からではなかったとしても、回り回って、必ず、あなたのもとに返ってくるものなのです。だとしたら、あなたのすることは、ただ、ひとつ。

「誰かのために真心をこめて、何かをする」ただ、それだけではないでしょうか？

005

本当に相手のことを思えば、動物とも心が通じ合える

動物とも心を通わせることができる。

私がはじめてそのことを意識したのは、4、5歳のころです。橋の欄干《らんかん》につながれていた一頭の馬が、飼《か》い葉《ば》を食べていました。私がそっと、後から、馬に近づくと、馬がびっくりして振り向きました。それに驚いた私が転びそうになると、突然、馬が私に噛みついたのです。それを見た馬主は駆け寄ると、「人を噛むとは何ごとか！」と激怒して、馬をボカスカ殴り続けました。

でも、事実は違うのです。**本当は、馬は、欄干（てすり）から川に落ちそうになった私を引き寄せ、助けてくれたのです**。馬は手足でつかめませんから、私が落ちないようにするには、服の上から「噛む」しかなかったのです。

私と馬は、一瞬で、そのことを理解し合いました。けれど、いくら私が「馬は悪くない」と言っても、子どもの説明力では、大人たちは信じてくれません。

私の腕には、馬の大きな歯形のアザが数週間、残りました。

そして、その馬は、二度と私の前に姿をあらわすことは、ありませんでした。

私は罪の意識を感じながら、それを契機に、

「人は、動物とも心を通わせることができる」

と思うようになりました。

以前、タスマニア（オーストラリア）に視察に行ったとき、自然動物園の中で、タスマニアデビル（クマに似たタスマニア固有の動物）に噛まれたことがあります。

餌を与えようとしたところ、タスマニアデビルが「食べてもいいのですか？」という表情を見せたので、私は「お食べ」という合図を、目で送りました。

すると、餌には見向きもせず、私の手の方に、ガブリと噛みついたのです（笑）。

タスマニアデビルの顎《あご》は、獲物の骨を噛み砕いてしまうくらい強靭《きょうじん》です。噛まれたら、獲物はまず逃れられない、といわれています。

けれど私は、歯形がついただけでした。タスマニアデビルに「I Love you」「I Love you」と声をかけたら、それ以上、噛むのをやめてくれたのです。

また、この動物園では、真っ白いオウムが、私の目の前でダンスを披露してくれたこともあります。

オウムが私の足下に飛んできて、タンタンタン、クルクルクル、ピョンピョンピョンと、実に正確にリズミカルに踊り出したのです。たまたま踊っているように見えた、というより、その姿には、必死になにかを伝えようとするオウムの気持ちが込められているようでした。私が、驚いているのを知ると、今度は私の肩の上に乗って、ピョンピョンピョンと踊りはじめました。「もしかしたら、私の知っている人の生まれ変わりでは？」と思ったほど、そのオウムのパフォーマンスは、一糸乱れず、見事なものでした。

動物も人間も、この地球上でともに生きる命です。「動物だから、人間だから」と分け隔てることのできない尊い命です。

本当に相手を思う気持ちがあれば、言葉なき動物たちとも心を通わせることができます。私にとって動物たちは、かけがえのない家族であり、友だちであり、先生です。動物たちがもたらしてくれる純粋な気持ちは、どれほど私の心を癒してくれたことでしょう。

動物は言葉を持っていないのに、その細やかな反応は、もしかしたら、人間以上かもしれません。人間は動物との関わりを通して、人間同士のコミュニケーションのあるべき姿、「心を通わせる方法」を学ぶことができるのではないでしょうか。

006

自分からアクセスすることで、人間関係は築かれる

相手が「不義理《ふぎり》」をしても、こちらからは、たやすく縁を切らないことです。

「去る者は追わず来る者は拒まず」という、ことわざがありますが、私は、「去る者も3回は追う」ようにしています。

相手は、私との関係を修復したいと思いながら、気まずさが先に立ち、連絡できないでいるのかもしれません。だから私のほうから呼びかける。最低でも3〜5回は電話をかけてみて、それでも相手が出なかったときには、いたしかたない場合もあるでしょう。

私は口が悪いし、ケンカ好きです（笑）。若いベンチャー起業家を捕まえては、叱咤激励を飛ばしています。

ただし、誰とでもケンカをするわけではありません。

嫉妬心から私を攻撃する人、すぐに手のひらを返す人、暴力に訴える人、私利私欲の強い人、先人の恩を忘れた人など、ケンカをする必要もない相手は、放っておきます。時間と労力のムダ遣いはしたくないからです。

私はケンカをしても、根に持たないほうです。忘れっぽくて引きずらない性格なので、長引くことはありません。遺恨を残すこともなく、すぐに仲直りできます。

明らかに相手に非がある場合や、私が迷惑を被った場合でも、「ケンカ別れ」はしません。情け無用で、相手を一刀両断すれば、「やったぞ！」「ざまあみろ」とせいせいするかもしれませんが、気分が晴れるのは一瞬だけです。犯した失敗を自覚したうえで、再起する気持ちを持っている相手は、応援したいと思っています。

リーマン・ショックのころ、あるベンチャー企業が倒産しました。支援者たちは「被害者連盟」をつくって、訴訟を起こしました。「出資した金を返せ」というわけです。私も出資者のひとりでしたが、被害者連盟には入っていません。なぜなら、彼が悪意を持って会社を倒産させたのではないことがわかっていたからです。

志を強く持ちながら、「時代の流れ」に巻き込まれてやむなく倒産した彼も、見方を変えれば被害者のひとりです。彼にも家族があります。事業の失敗で一家が路頭に迷ってはいけません。もう一度結果を出し、利益を上げ、被害者連盟の人たちにお返しするのが彼の責務です。

だから私は、彼と戦うのではなく、後押しすることに決めました。返済を求めるどころか、再起に必要なお金を出すことにしたのです。

逆に、もし自分に非があって相手を怒らせてしまった場合は、ただちに謝りましょう。「怒られてしまうかもしれない」と怖くなるかもしれません。けれど、決して逃げ隠れはしないことです。相手がどれほど怒っていても、勇気を持って誠意を見せる。誠意を見せられない人に、再起のチャンスは訪れません。はじめは相手にしてもらえないかもしれない。けれど、あなたが本気なら、切って捨てられることは、ほとんどありません。

自分が相手のことを嫌えば相手も自分のことを嫌いになります。だから私は「ウマが合わない人こそ自分から話しかける」ように心がけています。自分から歩み寄るのです。笑顔で挨拶をする。「ありがとう」と感謝する。気軽に話しかける。

もちろん、すぐに仲良くなるわけではありませんが、それでも、**自分から先に心を開いたほうが、人間関係は改善されやすい**と思います。人は、「自分に関心を寄せてくれる人に関心を寄せるもの」だからです。

憎んだり憎まれたり、傷つけたり傷つけられたりで、大事な時間を使うのは、やめましょう。ケンカをしたあとは、自分から声をかける。迷惑をかけた人にも、迷惑をかけられた人にも、こちらから呼びかける。それが正しいケンカのやり方なのです。

007

一生、忘れることができない お金の使い方

自分のできる範囲でかまいませんから、「分かち合う気持ち」を持ってほしいと思います。

誰かのために、自分が持っているお金の一部でいいので、使ってみてください。

お金を持っている人は、持ち逃げしないで、世のため、人のため、国のために使ってみてください。

持ち逃げとは、「独り占めすること」です。自分が優雅に暮らすためだけにお金を使うとしたら、それは、お金を腐らせてしまうことになります。

私が小学生だったころ、帰り道にいつも、お風呂屋さんのおじいさんが待っていてくれました。そして、一緒にお汁粉《しるこ》屋さんに行って、ご馳走してもらいながら、おじいさんは私の話を聞いてくれるのです。空腹で心が荒れていた私に、おじいさんはやさしかった。おじいさんがいたから、私は心の澱《おり》をはき出すことができました。

私が幼稚園に上がる前は、毎晩おじいさんのひざの上に乗って、釜から燃え上がる炎の前で、たくさんの昔話を聞かせてもらいました。そして、戦争が終わってからは、今度はおじいさんが、私の話を聞いてくれたのです。

今にして思えば、あのとき、お汁粉を食べていたのは、私だけでした。すでに家業を失ったおじいさんに、収入はなかったはずです。けれど、なけなしのお金で、毎回、毎回、ごちそうしてくれていたのです。

私の心を育ててくれたひとりは、間違いなく、あのおじいさんでした。

おじいさんは、私の話を聞き、私の心を受け止め、私の力になり、私を救うという小さな仕事の中に、自分の役割を見出していたのだと思います。

みんなが飢えていたあの時代に…、ほとんどの人が現金収入のなかった時代に…、たったひとりの街の子どものために、お金を使い続けてくれたお風呂屋さんは、私にとって街の偉人であり、「世のため、人のため」の体現者だったと思います。

おじいさんは、お金があったから私に施してくれたわけではありません。お金がなくても、お汁粉一杯でもいいから、私を元気にするために、お金を使ってくれました。

おじいさん自身、「尊いお金の使い方をしている」という自覚があったのかわかりません。でも、私にとっては一生忘れることのできない「お金の使い方」だったと思います。

当時の私は、「空腹が満たされて嬉しい」という一瞬の幸せを感じただけですが、**今にして思えば、あの体験が私のＤＮＡに刻み込まれたことは、確かです。**

「困っている人がいれば助ける」という生き方のスイッチを入れてくれたひとりは、あのおじいさんであり、あの一杯のお汁粉でした。

今の私の「元気のないベンチャーはほおっておけない」という性分は、おじいさんの、あの行動が、そうさせるのかもしれません。

仮に今、誰かが私に1億円をくれたとしても、あの一杯のお汁粉の「ありがたみ」には、とうてい、かなわないでしょう。

「1日数百円」でもいいから、誰かのために、お金を使ってみる。

あのおじいさんのように、「世のため、人のために、お金を使う」ことこそが、正しいお金の使い方だと思えてなりません。

第2章

自分を変える力

008

「経験の総量」こそが、あなたの才能を開花させる

「得意なことなんて、何もない」

「何の才能も、何の能力もない」

と悲観し、自分に自信を持てない人がいます。でも本当に「何もない」のでしょうか？

私は、**「自分に与えられた役割を果たすために、誰にでも才能が与えられている」**と思っています。才能が「ない」のではなく、才能に「気がついていない」だけではないでしょうか。


才能は、百人百様です。

勉強ができるのも、絵を描くのがうまいのも、楽器の演奏が得意なのも、足が速いのも、虫を獲るのがうまいのも、かくれんぼが得意なのも、立派な才能です。

人それぞれ、与えられている「才能」と、それを発揮できる場所は違います。

裁縫も運動もできない私でさえ、学芸会では「女王」と尊敬されました。クラス一の暴れん坊だった男の子でも、運動会ではみんなから「ヒーロー」と讃えられました。

私の友人の中には、服飾デザイン、建築デザインといった分野で活躍した人がたくさんいます。私には、そうした職種の才能はありませんでした。

でも私は「まだ生まれていない新しいものを夢見て、それを実現させようとする才能」を多少なりとも持っていました。だからこそベンチャー起業家に向いていたのでしょう。

神様は、誰にでも平等に、百人百様の「才能」を、生まれながらにセットしてくれています。ではどうすれば、自分の中に深くセットされた才能に気づくことができるのでしょうか。才能を引き出せた人と、引き出せない人の差は、どこにあるのでしょうか。

私は、「経験の総量の差」だと思います。

新しい経験、ほかの人がしていない経験、非日常的な経験をたくさんしている人ほど、自分の得意・不得意に気がついて、才能を開花させることができるのです。

私は、子どものころから家事が苦手で、専業主婦には向いていないと自覚していました。結婚して家庭に収まる、という選択肢は考えられず、「みんなが、それぞれ、得意なことをすれば、みんなが幸せな世界ができるのだから、自分は一生仕事を続けていこう」と思っていました。

幼い私には、「自分の得意なことは何か」「自分にはどんな才能があるのか」は判然としていませんでしたが、それでも、「気持ちのおもむくままに、やりたいことをやろう。失敗を怖がらないでチャレンジしよう。そうすれば、自分の役割が見つかるのではないか」と思っていました。だから、人がやらないようなことにも、一歩踏み出すことができたのです。よくも悪くもいろいろな経験をしてきたからこそ、自分の才能も、進むべき道も、だんだんと見えてきた気がします。

眠っていた才能のスイッチを入れるのは、その人の「経験の総量の差」です。

私たちは、経験と場数を通してのみ、生まれながらの才能に気づくことができます。面倒くさいとか怖いからといって逃げ回ってばかりいては、才能を引き出すことはできません。自分に自信が持てないときこそ、「新しい行動」をはじめてみましょう。傷ついたり、悔しい思いをするかもしれません。けれど、そうした「経験の総量」が、才能の萌《ほう》芽《が》となって、思わぬところで必ず実を結ぶはずなのです。

009

20代で苦しんだ経験こそが、「人間のエネルギー値」を決める

自分らしく生きるために、20代は、思い切り「カッコ悪く」生きてみる。不器用でも、不格好でも、とことん突き進む。

20代であがき、もがき苦しんだ経験値こそが、その後のその人の「人間のエネルギー値」として体内に蓄積されるのだと思います。

大学を卒業後、私は、今でいう「フリーター」をしていました。すべての会社の就職試験に落ち、就職への門戸が閉ざされたからです。

誰も雇ってくれないのなら、自分で会社を興すしかありません。「10年後、32歳のときに会社をつくる！」と決意し、人脈と起業資金を集めるため、アルバイトをいくつも掛け持ちしました。

卒業してからの4年間は、「早朝、午前、午後、深夜」の「1日四毛作」の生活です。

早朝は、学生時代の新聞部での経験を生かして、チラシ広告の雑文書き。

その後、9時から12時までは、三浦《みうら》朱門《しゅもん》さんと曽野《その》綾子《あやこ》さんの口述筆記&雑用。

午後からは、新聞社での原稿書き（映画評）と、「街の歌声」（ＴＢＳ）というテレビ番組のレポーターの仕事。

そして、深夜は、新宿の歌声喫茶「灯火《ともしび》」で企画や演出、広報のアルバイトをしていました。

すべての仕事を終えて家に戻ると、深夜25時。

過労と空腹から歌舞伎町の銭湯で倒れ、身元不明の「行き倒れ」として交番に届けられ、騒ぎになったことすらありました。


「この暗くて長いトンネルから、いったい、いつ抜けられるのか？」「私は本当に会社をつくれるのか？」と不安にさいなまれることも、多々、ありました。けれど、不安はあっても不満はなかった。なぜなら、会社勤めとはまったく違うフィルターを通して、世の中を見、経験することができたからです。

日々をがむしゃらに突進したおかげで、「どれほどお金を積んでも買えないほどの経験値」が蓄積できたと思います。

いろいろなことにチャレンジをして、いろいろな人に会って、人の4倍働いた。それでも時間が足りなくて、「1日が24時間しかない」ことを嘆いていました。

働き過ぎは決してほめられることではありませんが、目標を実現させるために、「人生の一時期、仕事や勉強に200%没頭する」ことは、かけがえのない経験だと思います。

会社を設立したのは、目標に掲げたとおり、起業を決意してからピタリ10年後でした。ですが、それまでの10年間、私はあがき、もがき、苦しみ、絶叫してきたように思います。だからこそ、私は、起業にたどり着くことができたようにも思うのです。

就職に挫折してからの歳月は、光を求めるための無謀で、遠回りの、しかしかけがえのない20代の旅（経験）でした。

「自分らしい生き方を選ぶ」ということは、人目には「カッコ悪い」と思われることもあります。でも、実現したい夢があるのなら、人目を気にしている暇などありません。「自分の時間のすべてを費やして、必死に、がむしゃらに、全力でひた走ったほうがいい、一時期」が、必ず必要です。

とくに若いときは、カッコ悪いと笑われても自分の夢に一生懸命になるべきなのです。

010

「一歩でも地球の上を遠くまで。
一人でも多くの見知らぬ国の人たちと出会う」

できるだけ若いうちに「海外での生活を経験したほうがいい」と、私は思います。日本とはまったく違う歴史、文化、価値観、民族性の中に身を置くことによって、自分の見識が大きく広がり「日本だけにいるときより、日本がよく見える」からです。
私も「海外」に目を向けたからこそ、自分の進むべき道を見つけることができました。大学卒業後、就活に全滅し、就職の道を閉ざされた私は、作家の三浦朱門《みうらしゅもん》さん、曽野《その》綾子《あやこ》さんご夫妻のお手伝いをさせていただいたことがあります。「口述筆記」のアルバイトや取材のお手伝いです。あるとき、お2人から、「『ニューヨーク世界博』が開かれることになって日本館のコンパニオンを応募している」と教えていただき、私はニューヨークに行くことを決めました。日本を離れるとき、私は三浦・曽野ご夫妻から、こんなはなむけの言葉をいただきました。

「一歩でも地球の上を遠くまで。
一人でも多くの見知らぬ国の人たちと出会う。
若いときは、より遠くへ行き、より多く体験せよ。
それが、あなたの10年後に生かされる」

ニューヨークは、まったくの新天地でした。それは、日本では味わえない唯一無二の時間でした。私が「電話ビジネス」のヒントを得たのは、アメリカ人の女性起業家と出会い、「電話応答サービス」なるものを知ったからです。

「大人になったらアメリカに行って『もう戦争はしないで！』と訴える」

そう誓ってアメリカに乗り込みましたが、傷ついていたのは、日本人だけではありませんでした。アメリカ人も、傷ついていたのです。私が見たアメリカ人は、教養があって、優しくて、私に惜しみなくいろいろなことを教えてくれました。

アメリカをこんなにも好きになることができたのは、私自身がアメリカで暮らし、さまざまな体験をして、アメリカの本当の姿を「自分の五感で確かめたから」です。

「その国の人たちと実際に接してみなければ、本当の姿はわからない」

私はそう思います。

世界博が終わってからは、フランス、ドイツ、イギリス、イタリアなどをくまなく歩き「電話サービス」の実態を学びました。このときの経験が下地となって「ダイヤル・

サービス」は立ち上がったのです。当時の日本には、どの家にも電話があったわけではなかったので、日本に留まっていたら「電話ビジネス」を思いつかなかったでしょう。

海外というと「言葉の不安」を口にする人もいますが、私だって、似たようなものです。津田塾大学の英文科を出ていたので英語は何とか使えましたが、それ以外は、さっぱりわかりません。西ベルリンではドイツ語もわからないままウエイトレスをして生計を立てたこともありました。**「飛びこんでしまえば、なんとかなるもの」です。**たとえ言葉がわからなくても、その国の雰囲気を感じ取るだけで、得るものは大きいと思います。

もちろん、海外での生活は、いいことばかりではありません。文化の違いからケンカになることも、裏切られることもあります。もしかしたら、傷つくこともあるかもしれない。けれど、それも含めて、親元にいては経験できない「かけがえのない体験」になります。留学ができないのなら、せめて海外旅行でもいいですから、世界を見ておくべきです。日本にいては触れることのできない文化や慣習を見ることは、まちがいなく、自分を育てる経験になり、より、「日本をよくする原動力」を得ることにつながるはずです。

011

「自分らしさのDNA」は、生きてきた歴史の中にある

選択に迷ったときや、「自分らしさ」を見失ったときは、自分の原体験や原風景、何に心が動くのか、それを、たどってみると、答えが見つかることがあります。

私の父は、農業や牧場をしている家の長男でした。ですが、家業を継ぐのを嫌い、商人になりました。仕事が休みの日には、趣味の「カメラ」を担ぎ、私の手を引いて、三重県の山や海を駆け巡りました。

あるとき、断崖絶壁に立った父は、遠くを指さして、こう言いました。

「この海の向こうに、アメリカという国がある」

私は父から、自然の雄大さと、宇宙の遠大さと、世界の広大さを学びました。

私がアメリカやヨーロッパに渡ったのは、父の思いが、私のＤＮＡに刻まれていたからでしょう。

一方、**母の後ろ姿からは、「分け与える人」の強さを学びました**。

終戦直後、母は８人家族を食べさせるため、自分の着物や父のカメラを持ち出しては、お米や野菜に換えていたのです。

買い出しの日、私が家の前で母を待っていると、自転車の荷台にたくさんの食べものを積んだ母が帰ってきました。私が大好きだった、「お餅《もち》」もたくさんあります。

私が「やった！」と喜ぶと、母は「ちょっとだけ待っててね」と目の前を通り過ぎ、戻ってきたときには、なんと、お餅が「半分」に減っていたのです。

お腹をすかせていた私は、「父のカメラを手放してまで手に入れたお餅をどこにやったの？」と母を責めました。


あとでわかったことですが、母は、その家の主が戦死した家庭を回って、お餅や豆を分け与えていたのです。母は、お餅を配った理由を、次のように話してくれました。

「町内には、お父さんの顔すらも知らない乳飲み子がたくさんいる。おまえは、あの子たちを助けるのがそんなに嫌なの。うちの子じゃなければどうでもいいの。おまえには、お父さんとお母さんがいる。だから絶対に飢え死にはさせない。でも、お父さんが戦死したあの家庭は頼る人がいない。それでも、おまえはお餅を独り占めしたいのか」

頭では母の正しさがわかっていながら、当時の私は幼く、何よりも空腹でした。だから、「戦争で家を焼かれて、うちだって貧乏なのに、どうして人に分け与えないといけないの？」と母への反発を抑えることができませんでした。

その後も、「母のような生き方はしない」と反面教師にしてきたはずなのに、やはり私は、「母のＤＮＡ」を引き継いだ子どもでした。今の私は母と同じことをしています。私財を投じてベンチャー起業家を応援しているのも、海外の子どもたちを支援しているのも、母と同じ「分け与える生き方」なのでしょう。

両親、そして生まれ育った環境があるから、私が私として存在しています。

「三《み》つ子《ご》の魂《たましい》百《ひゃく》まで」のことわざ通り、幼少期の体験は、無意識の中で静かに記憶され、醸成《じょうせい》し、永久に「自分を動かすエネルギーの原動力」として、あり続けます。

その記憶をひもとけば……、自分の原体験や原風景をたどってみれば……、自分らしさのヒントを、自分を動かす原動力を、見つけることができるのではないでしょうか。

012

本気で自分を変えたいなら、「違う環境」に飛び込むのがいちばん

私は、「人間は変化する動物」であることを身を持って体験しています。とはいえ、「現状に甘んじたまま、自分だけを変える」のは、なかなか、むずかしいものです。

今までと違う人、今までと違う場所、今までと違う時間、今までと違う仕事……。**今までと違う環境に飛び込んだほうが、人は変化しやすいと思います。**

私は今、養子縁組をした息子と一緒に暮らしています。身長180センチ、体重130キロ。8歳までブラジルのサンパウロで育った彼は、私にとって想定外の存在です（その前に、ネパール生まれのクリシュナという養子もいます）。

ブラジル生まれの息子は、私には想像もつかない、驚くことばかりしてくれます。私の人生に「起きるはずのないこと」をたくさん持ち込んでくれました。

もちろん、いいことばかりではありません。ケンカもしょっちゅうです。それでも「息子は、私が成長するために私の人生にあらわれた神様なんだ」と受け止めています。

息子と出会わなければ、波風の立たない生活が続いたかもしれません。息子に否定されることも、闘うことも、屈辱を味わうこともなかったかもしれません。

ですが一方で、ここまで「自分を変えること」はできなかったと思います。

異文化、異世代の息子を受け入れていなければ、私は煮詰まったまま、「隠居に向かって、まっしぐら」だったかもしれません。

私がこれほど「人を許す度量」を持てるようになったのは、息子と暮らすことを受け入れ、「血のつながらない子どもの母親」という環境に身を置いたからです。

そこから得た経験は、はかり知れないほど、大きなものでした。自分の血肉を分けたわけでもない、どこの誰かもわからない子どもが、まわりの偏見や好奇心をよそ目に、こんなにも「愛する対象でありうること」を教えられたのです。

息子をはじめ、変わるキッカケは、いつも「向こうから」やってきました。

私は、幼少期、頭デッカチの5等身。短い胴に、太くて短い足が2本つながり、おまけにポッコリおなかとポッコリお尻、バランスがとても悪い子どもでした。あだ名はキユーピー。運動神経がまるでなく、スポーツは大の苦手。走る、跳ぶ、投げる、打つ、何をやっても鈍くてトロい。いつもみんなから「どんくさい」と笑われていました。

頭が重たいから、どこからでも真っ逆さまに転げ落ちてしまいます。池に真っ逆さま。橋の欄干から川に真っ逆さま。井戸に真っ逆さま。滑り台からも、ブランコからも、鉄棒からも、真っ逆さま。そのつど、脳しんとうを起こして、母は病院に担ぎ込むのに忙しかったそうです。

そんな私が、今では「スポーツ・ウーマン」と呼ばれています。ゴルフ、スキー、スキューバダイビング、登山と、空も海も駆け回っています。「マラソン・ゴルフ」では、ギネスブックレコードを樹立し（1994年版／1日8・5ラウンド153ホール）、アメリカンロッキーの名山「グランドティトン」（標高4197メートル）の登頂にも成功しました。「どんくさい」私が、どうして「スポーツ・ウーマン」に変われたのでしょうか。私が「変わりたい」と思ったからでも、「変わろう」と努力したわけでもありません。

ゴルフも、スキューバダイビングも、テレビの収録のために、しかたなくはじめただけです。けれど、やらざるを得ない環境に身を置いたことで、私は新境地を開くことができたのです。

環境が同じなら自分も同じです。「環境を変えること」で自分も変わります。本気で自分を変えたいなら環境から変えてしまうのもひとつの手段です。それが、あなたを今まで見たことのない別の世界へと連れていってくれ、新しい自分へ導いてくれるでしょう。

013

ひとつの感謝が明日への成長、
ひとつの反省が心の進歩

日本人は世界的にみても「占い」が好きだといわれています。占い市場は、年間約1兆円にも及ぶのだとか。20代から40代の男女にアンケートをとったところ、占いを「見る人」は62・6％（女性75・9％／男性51・3％）という結果だそうです［※1］。

政治家や経営者の中にも、占いを拠り所にしている人がいます。

「未来に対する不安や迷い」から、つい、占いに頼りたくなる気持ちもわかります。

私はどちらかといえば、占いや超能力、霊能力などに関心が低いほうですが、不思議と、霊能者や占い師の方々が向こうから近づいて来られることがあります。その世界の方々から声をかけられた経験は、一度や二度ではすみません。

帰省途中の新幹線の車内で、「今野由梨さんですよね？　いつもは天井に届くほどのオーラが噴き出ているのに、今日は出ていませんが、どうかされましたか？」と声をかけられたことがありました。たしかに、体調がすぐれなかったので、週末に実家で休もうと、こっそり帰郷をしている途中でした。

私は起業当初から、**「どんなに具合が悪くても、人前では顔に出さない」**と、固く心に決めていました。それなのにその方は、私が疲れていることを言い当てた。占いは当たっている、と言えるのかもしれません。

けれど私にとって、占いの「真偽」はどちらでもいいことでした。私は、体調が悪くても、そう見えないように振る舞う術を身につけています。「占い」でしか見えないのであれば、それはしめたもの……というだけです。

「今野さん、政治家やたくさんの経営者が頼りにしている占い師を知っているので、あなたにも紹介したい」と勧められることもありますが、私から占ってもらうことはありません。なぜならば、「自分のことは、自分がいちばんよくわかっている」からです。

人は誰でも、「自分の力を自分で引き出す能力」を持っています。多くの人がそのことを忘れ、自分の考えや行動をかえりみることを怠っている気がします。

病気になれば病院や薬に頼り、悩みがあれば占い師に答えを聞く。解決策を「外」に求めているのです。でも、そのためにやるべき大切なことを忘れています。

それは「自分との対話」です。

私たちが、もっとも親密につき合っているのは、「自分」です。

ですから、心を澄まして「なぜこうなったのか」「なぜここにいるのか」「自分はどうしたいのか」「今の自分にとって大切なことは何なのか」を自分の中に問うてみる。1日5分だけでもいいから自分自身と対話する時間を持つ。そうすれば自信が湧いてきます。

たとえば、就寝前の5分間を「心を落ちつける時間」として使うのはどうでしょうか。その日の出来事や、出会った人を思い返しながら、「このことにありがとう。この人にありがとう」と感謝を口にしてみる。

あるいは、「このことにごめんなさい。この人にごめんなさい」と謝罪を口に出してみる。ひとつの感謝が明日への成長となり、ひとつの反省が心の進歩につながります。

自分に自信が持てない人ほど占いに頼りがちですが、占いを参考にしていいのは、むしろ「自分に自信が持ててから」です。

自分の意思や意志がはっきりしていないうちは占い師の鑑定に振り回されかねません。外からの情報に一喜一憂することなく、自分の内なる声に聞いてみる。占いの結果がどうであれ、自分の思いに忠実に生きる。よく当たる占い師を探すより、自分自身との対話をおろそかにしないほうが、ずっと大切だと思います。

信じるべきは、占いよりも「自分自身」なのです。

第3章

親と子どもに必要なこと

014

子どもは、すり傷の数だけ強くなる

子どものころから好奇心旺盛だった私は、運動神経が鈍いのに、何でもやってみないと気が済まない性格でした。

当然の結果として、「ケガ」が絶えません。頭や顔、手足に、今でも残るたくさんの傷跡が、私の「戦果（勲章）」です。まさに傷だらけの人生でしたが、私はあの時代に生まれたからこそ、心と体の揺るぎない土台を、つくることができたのだと思っています。

ないないづくしの時代だったからこそ、**「子ども時代の経験量」が、一生分の心のエネルギーを育んでくれた**のだと思っています。

あの時代は、多くの人が裕福ではなかったし、今ほど遊びは多様化していませんが、その分、家族や友人たちとの、濃密な「絆」があった。あの時代の自然環境と社会環境が、「生き抜く力」を養ってくれたのです。

傷ひとつつくる機会のない今の子どもたちを見て、心を痛めているのは私だけでしょうか。子ども時代のすり傷は、思いっきり遊んで、いろいろなことにチャレンジした勲章です。それなのに血も出ないような「かすり傷」でも大騒ぎする親が多い気がします。

私が子どものころ、母のこぐ自転車の後ろに乗っていて、大ケガをしたことがありました。車輪の中に右足を巻き込まれて、くるぶしの肉がえぐれ落ちてしまったのです。骨が露出し、私は痛みのあまり、気を失ってしまいました。鶏のもも肉を見ると、今でもあのときのことを思い出します。

でも私以上につらかったのは、母でした。母は自分を責めていました。私はそのことがわかっていたので、痛くないフリをしました。お見舞いに来た親戚に、私は「全然、痛くないよ、平気だよ！」と言いながら足をバタバタさせて見せ、母はその様子に大泣きしました。

私はときどき、「根拠のない楽観論者」「こんな大変な状況で、よく食べれるよね」といわれます。ものごとを悲観的にとらえることが少ないからです。

起こってしまったことを気にしても、起こっていないことに怯えても、何もはじまりません。試練の最中は「なぜこんなことが、自分にばかり起きるのか！」と叫びたくもなりますが、そこを切り抜ければ、つらい経験も人生の糧になります。

子どものころからの「痛い・つらい」経験の集積があるからこそ、次に大きな問題が起こったときに、**「今までだって何度となく乗り越えたじゃない、今回も大丈夫よ」**と自信を持つことができるのです。

もちろん、「子どもに大ケガをさせてもいい」と言っているわけではありません。ただ、私自身がそうだったように、少しくらい体に傷跡を残しても、その後の人生には何の支障もない。傷だらけの私は、80歳、目前の今でも元気です。

最初から強い人はいません。傷つかない人生などもありません。いつか、どこかで、何かにつまずき、心も体も、必ず傷つきます。そして、立ち直る。傷ついて立ち直って……、を繰り返しながら自分の土台をつくり、少しずつ強さを身につけていくのです。

子どもを見ていると、ハラハラドキドキすることもあるでしょう。けれど親は、「過干渉」しないことです。

今の子どもたちは、インターネットやテレビを介して間接的に体験をしたり、ゲームを通じて模擬的に体験する機会はとても多い。でも、「自分の身体を通しての経験」、つまり、人や物や実社会と関わりある直接的な体験がとても少ないと思います。

生きる力の土台をつくるのは、「自然や社会の現実に、実際に、触れる経験」なのです。

そのためにも、子どもから「直接体験の機会」を奪ってはいけないのです。

015

親は子どもから「失敗」を取り上げない

人の心は、「ものごとに触れた経験」で変わります。**仕事でも学校でも、「ものごとに触れさせてみて、人の心を変える」ことが本来の教育のあり方**です。

ところが最近では、親や先生が、必要以上に子どもの社会に介入し、「ものごとに触れる機会」を奪っている気がします。「心配」や「配慮」といった美名のもとに、子どもたちが体験すべき宝物を奪い取っているのです。

私は男勝りだったので、小学校のころは、男の子ともよくケンカをしました。妹がイジめられて、泣いて家に帰ってくると、靴も履かずに、一目散に飛び出し、妹を泣かした相手に噛みついたり、引っ掻いたり……（笑）。

久しぶりに同窓会に出席した際、ある級友は「これは今野さんに噛まれた傷だよ〜、ハハハッ」と言って笑い、もうひとりの級友は「こっちは今野さんに引っかかれた傷。一生消えない思い出だよな〜、アハハッ」と言って、嬉しそうに傷跡を見せてくれました。一子ども時代の一生消えない傷は、一生消えない「勲章」であり「絆《きずな》」でもあるわけです。

当時の私たちには、子どもなりの「オキテ」がありました。やられても、やりかえしても、絶対に「大人に言いつけない」「誰にやられたか言わない」のがルールでした。

私が川で溺れかけたときも、崖から落ちたときも、井戸の中に落っこちたときも、みんなが助けてくれ、大人に内緒にしてくれました。親や先生に知られたら、私が怒られてしまうからです。子ども同士、みんなでかばい合い、助け合い、親に知られないところで「経験値」を積み重ねながら、連帯感や親近感を高めていったのです。

かつての子どもたちは、自らルールをつくり、そのルールを守ることで、仲間意識や信頼を育んできたはずです。そして、その子どもたちが大人になって、その経験値を生かして「地域社会」をつくってきました。

高度経済成長期、以前の、「向《む》こう三軒両隣《さんげんりょうどなり》」といった濃密な近所づきあいは、子ども時代に培った相互理解や連帯意識の延長にあると解釈できます。それなのに今の大人たちは、「子ども社会のルール」を奪っています。経験値を積む機会を取り上げています。

今の時代は、「ケガと弁当は自分持ち」が通用しない風潮です。だから、学校も「危ないこと」は、いっさいやらせません。「責任」を追及されたくないからです。しかし「少しでも危険があることは、やめましょう」では、何も経験させることはできません。

人間は生まれたそのときから、「今の自分にはできないこと」への挑戦を繰り返して成長していきます。できるようになる過程では、心も体も「傷ついては癒される」のくり返しです。

大人から見たら、危なっかしくて見ていられないときもありますが、「あまりに多い手助け」は、子どもの自立心と、好奇心の種を奪ってしまうことになります。

子どもは、やがて親の元を離れ、「自分の力」で自分の人生を生き抜かなければなりません。そのためには、「親が、不用意に、子どもの失敗を取り上げないこと」です。失敗を重ねながらも、自分で困難を乗り越える経験を、親が子どもに与えるべきなのです。

大人ができることは、あれこれ口を出さずに、深い愛で見守り、子どもに、たくさんの失敗経験を積ませることです。子どもが自分で成長していくのを待つことです。

「それをしたら危ない」「それをしたら傷つく」「それをしたら勉強がおろそかになる」と心配になるのもわかりますが、親や先生が先回りをして指示をしすぎたり、ストップをかけすぎたりしてしまうと「自分で考え、行動する子ども」は育ちません。

「手をかけずに、心をかける姿勢」こそ、子どもの自立をうながすのだと思います。

016

お互いを幸せにする「前向きな離婚」のしかたがある

私はかつて、結婚をしていたことがあります。元夫の今《こん》野《の》勉《つとむ》さんは、テレビ界のアカデミー賞といわれる「イタリア賞」を日本ではじめてテレビドラマで受賞した気鋭のディレクターです。どんな話をしても感性が合って、彼の言葉のすべてが、私の心に染み入ってくるようでした。彼は、20代半ばですでに才能を認められていましたが、一方の私は、ちゃらんぽらん（笑）。それでも彼はやさしく、私には、「結婚するなら、この人だろうな」という直感がありました。

結婚を決めてすぐ、私はドイツに旅立ったので、いきなりの「別居婚」です。婚姻届のコピーがベルリンに送られてきました。

夫の会社の中で、私は「悪妻」と言われていたそうです。自分の事業のために、夫の収入さえ使い込んでしまったのですから、そう呼ばれても、しかたがありません。結婚生活が成り立っていたのは、ひとえに彼の「人徳」があったからです。

ですが、そんな結婚生活も、終わりを告げます。ある晩、彼は身の回りのものだけを持って、ひとり家を出て行きました。

私は、彼との結婚生活の中で、「いい妻にはなれそうもない。このままでは相手を不幸にしてしまう」という恐れを抱きながらも、自分から別れを切り出す勇気がありませんでした。だから、彼が「離婚」を決断してくれたことは、彼なりのやさしさだったと思います。私たちは、お互いの幸せを願い、その答えとして「離婚」をしました。

今も、ブラジル育ちの養子の誕生日には、3人で集まって食事をしています。夫婦という形から解放されたことで、私と元夫の関係はよりよく変化したと思います。**「離婚」をしたからこそ、私たちは相手への「敬意」を、さらに高めることができたのです。**

日本には「ご主人とはうまくいっていない。だから離婚を考えている。けれど経済的に自立する自信がないので、離婚に踏み切れない」という女性も少なからずいるでしょう。ちょっと厳しいようですが、自立の覚悟がないのなら離婚するのはむずかしいです。離婚後の生活をしっかり考えてからでなければ、離婚に踏み切ってはいけません。もし、本当に「離婚したい」のであれば、今すぐ経済的自立に向けて準備をはじめるべきです。

晩婚化が進んでいますが、結婚に踏み切れない人は、結婚に対する緊張感が高いように思います。「失敗したくない」という意識が強く、慎重になっているのかもしれません。

結婚には、やはり「勢い」も必要です。実際、ある調査では、「結婚は『勢い』がないとできないと思いますか？」との質問に対し、「はい」と答えた人は「68・8％」もいるそうです（マイナビウーマン調べ）。**「勢いで結婚して失敗でもしたら……」と不安になる気持ちもわかりますが、1回や2回、失敗しても、いいじゃないですか！**

私は自分の息子にも、「結婚は、3回まで認める。もちろん、遊び感覚でしてはいけないし、不貞を働いてもいけない。でも、本気で相手を選んだのなら、その後、うまくいかなくなって、離婚をしても、とがめない」と伝えてあります。

私の親の世代なら「一生涯、同じ相手と添い遂げる」のが習わしでした。けれど今の時代は「ひとりの相手にこだわらない」という選択も、めずらしくありません。相手の品定めばかりしていたら、いつまでも結婚に踏み切れないでしょう。結婚を急いでも、時間をかけても、幸せになるかどうかは「その後の努力次第」なのですから。

「離婚」には、私たちのように、前向きな離婚があります。結果的に別れることになったとしても、お互いの才能や目的を本当に尊重するためなら…、ときには「離婚をする」ことが最善の選択になることもあるのだと、私は思います。

017

親は子どもが「気にかけてくれる」だけで嬉しいもの

自分が子を持つと、両親の気持ちがわかるようになるといいますが、たしかに、**養子にした息子やベンチャー起業家たちの「母」になったことで、あらためて、私の母の大きさを実感しています**。

ベンチャーの卵たちが成長し、大きく羽ばたき、後進のお手本として活躍する姿を見せてくれれば、それだけで本当に嬉しい。その思いは、子を持つ母と同じ気持ちです。

子どものころ、私は感情を抑えることも、苛立ちを消化することもできず、はけ口を母親に求めたことがあります。

親に怒られて腹を立てたこともあります。

「産んでくれなんて、一度も頼んでいないのに！」と反抗したこともあります。

ずいぶんひどいことを言ってしまいましたが、でも、母親の愛情を疑ったことは、一度もありません。

親が子どもに厳しく当たるのは、愛情が深いからこそ、です。親が子どもに「このバカヤロー！」と叱責するのは、わが子のことを本当に愛しているからです。

私は、息子にも、ベンチャーの卵たちにも「バカ！」「このクソガキ！」と口うるさく叱ることもありますが（笑）、それは彼らに注ぐ私の「愛情」です。愛情を持てない相手には、怒ることさえしません。

彼らも憎まれ口を叩きますが、私の心にも、彼らの心にも、どこか「ほっこりした温かさ」が残っています。親と子の絆とは、そういうものです。

大人になるにつれ、親のありがたみに気づきます。けれど、そのころにはすでに実家を離れていて、「親孝行はしたいけど、何をしていいかわからない」「感謝の気持ちを伝えたいけれど、気恥ずかしい」と構えてしまうときがあります。

育ててくれたことへの感謝を感じながら、照れくさかったり、忙しさを理由に後回しにしてしまい、なかなか親孝行できない方も多いことでしょう。

でも、いつまでも親は生きていてはくれません。

「何をすれば親が喜んでくれるのかわからない」と悩む暇があるのなら、何だっていいから、今すぐ、やってみたほうがいい。

花を贈る、孫の顔を見せに行く、電話をする、プレゼントをする、手紙を書く……。思いついたことや、自分にできることは、考えていないで、その場でやってみればいい。**「今日、こんなことを思い出してさ」「最近どうしてるかな、と思って」と電話を1本かけるだけでも、親は、どんなにか喜んでくれるはずです。**

親を年寄り扱いせずに、「頼りにする」のも、親孝行のひとつです。たとえば、家族のために、親に頼んで、編み物や裁縫、手芸をしてもらう。手と頭とハートをフル活動すれば、親の認知症対策にもなります。

世代をつなぐ、経験・知識・技を受け継いでいく。それは、すぐに、あなた自身の大切なテーマにもなることを、心に留めておきましょう。

誕生日や母の日に、サプライズのプレゼントを渡せば、一生忘れない思い出になると思います。でも、特別なことをしなくても、「育ててくれて、ありがとう」「子どもでいさせてくれて本当にありがとう」という言葉をかけてあげることが、親にとって何よりの宝物であり、生きる力になるのです。

018

父から教わった大切なこと

人は、自由に生きる権利があります。でも、自分の目の届く範囲のことだけを考えていてはいけません。**自由の行使は、「他者への配慮があってこそ」なのです。**

子どものころの私は、自分の正しさを信じ込むあまり、無自覚に他人を傷つけていました。他人のことなどおかまいなし。「信念」と「わがまま」をはき違えていたのです。料理、洗濯、掃除、裁縫など、家事が「女性らしさ」の表現手段だった時代に、私はどれも苦手でした。

私は6人姉妹の次女ですが、「自分は、姉や妹たちとは違う」ことを自覚していて、幼いころから、「大きくなったら、外で仕事をしよう」と望んでいたのです。だから、家事が苦手なことが問題だとは、思っていませんでした。

学校の成績は、「宿題はいっさいしない」と決めていたのに、常にトップ。ずっと級長でもあったし、生徒会長もしていました。

でも、あるとき、家庭科の先生を泣かせたことがあります。浴衣《ゆかた》を縫うときも教材を一切持ってこない。宿題もやってこない。授業中は知らん顔をして、授業とは関係のない本を読んでいる…。

先生は、家庭科をおろそかにしている私に、「3」の成績をつけた。すると、職員会議で、ほかの先生から問い詰められたそうです。

「ほかの教科はすべて『5』なのに、どうして家庭科だけ『3』なのか。あなたは、この生徒に意地悪をしているのではないか」

先生は母を呼び出し、「教師としての存在を無視されているようで、耐えられない」と嘆き、そして、

「浴衣を提出して、明日の期末試験でいい点数を取ってほしい。そうすれば『5』をつけられる」

と、涙ながらに頼んだのです。

私は友だちからノートを借りて丸暗記をして、浴衣は母が徹夜をして縫い上げました。なんとか満点を取って「5」をもらうことができたのですが、私は少しも嬉しくありませんでした。「仕事を持つ」と決めていた私は、「べつに、裁縫なんか得意でなくてもいい」と決めていたからです。

後日、父からも母からも大いに叱られ、それでも納得がいかなかった私は、口答えを

しました。

「専業主婦になるのなら、浴衣を縫えたほうがいい。でも私は、主婦になる気はない。私は仕事を持って、浴衣を『縫う人』ではなく、自分のお金で浴衣を『買う人』になります。縫った浴衣を買ってくれる人がいなければ、縫う人だって困るはず…」というのが、私の言い分でした。すると父は、こう言って、私を諭したのです。

「自分の得意なことをして生きていくのはいい。自分の考えを貫くのもいい。でも、そのために人を泣かせたり、いじめたり、迷惑をかけてもいいと思うのは間違っている。自分の思うままに生きたいのなら、まわりのことを、もっとよく考える人間になりなさい」

信念を持って生きるのは、正しい。ですが、「他人を大きく傷つけてまで貫く信念などいらない」ことを、父は教えてくれたのです。

他人に対するいたわりを忘れたら、それは信念ではなく、ただの「わがまま」になりかねません。誰かを大きく傷つけてまで貫こうとする信念は、決して、世の中に貢献することには、ならないのではないでしょうか。

第4章

健康とストレス

019

悩みは閉じ込めない。「人に話す」だけで救われるもの

50歳を過ぎたころ、思いもよらないことが起きました。

ある朝、目が覚めて立ち上がろうとしたら、そのまま床に転がってしまったのです。体中から力が抜けて、立つこともままならない。鏡に映っていたのは、見たこともない「老婆」の姿でした。床に投げ出された私は、覇気も生気もなく、あまりに惨めでした。

そのころの私は、公私にわたって心を引き裂かれるような出来事に直面していました。父の死。夫との離婚。25年連れ添った愛猫の死。クライアントとの相次ぐ契約破綻。大切な社員たちの退職。ニューヨーク支社での裏切りと訴訟事件……。

自分の人生を支えてくれていた大事なものが、次々と目の前から消えていったのです。

私は、明治時代の政治家・田中正造《たなかしょうぞう》氏の「辛酸佳境《しんさんかきょう》に入る」を座右《ざゆう》の銘《めい》として心に刻み、「試練こそ天からの贈り物である」と信じてきました。

だから、それまでも、どれほどの試練に見舞われても、乗り越え、前進してきたつもりです。少なくとも、自分ではそう思っていました。

でもそれは、私の「過信」だったのかもしれません。

幾重にも重なったストレスに押しつぶされ、私の心身は、悲鳴を上げていました。

私ははじめて、「この私にも限界がある」ことを知りました。**「何もわかっとらんのか、よっぽど鈍感か」とまで言われた私も、なんと、「生身の人間」だったのです。**


何もかも失い、孤独な世界に立ちすくむ私に勇気をくれたのが、松木康夫《まつきやすお》先生と斎藤《さいとう》茂太《しげた》先生、2人の名医です。

松木先生は、血を吐くような私の思いを受け止めてくれました。

ときには「キミは今野由梨だよ。たくさんの人があなたから元気をもらって生きている。そのことを忘れてはいけない！」と私の頬を叩き、ときには「キミはこれから、この奈落の底から、いよいよ本番のステージに出ていこうとしているんだよ」と、一緒に泣きながら諭してくれたこともあります。

一方の、斎藤先生は、私の話を聞き終わると「アッハハッ、ワッハハッ！」と、豪快に笑い飛ばし、診療も治療もいっさいなく、「ときどき一緒にワインを飲もう！」と話しかけ、私の凍りついた心を吹き飛ばしてくれました。

この2人が、受け止めてくださらなければ、私は間違いなく、潰れていたでしょう。

本物の医師とは何か、本物の医療とは何かを、このとき、改めて教えられました。

「会社を継続していかなければならない経営者には、相談する人も泣き顔を見せられる人もいない」そう思って、すべてのストレスを私の中に閉じ込めていました。けれど、閉じ込めるから病むのであって、今は無理して心に閉じ込めたり、鍵をかけたりしないように心がけています。

今の私は、孤独ではありません。私のイライラや荒ぶる気持ちを受け止め、サンドバッグにさえなってくれる、心優しい人たちがいます（笑）。

悩みを抱えていても、「人に話しただけでスッキリした」という経験をされた方も多いことでしょう。友人や身近な人と話すことは、ストレス解消の有効な方法です。

人間は、胸にあふれてくる苦しさや不安、不満、疑いなどを言葉にして、誰かに話さずにはいられない存在です。だから、悩みは「溜め込まないこと」です。**人に話すだけで救われ、共感してもらうだけで心の荷がおりるのですから**。だからこそ、なんでも話し合える友がいてくれることこそ、人生の「宝」だと思うのです。

020

「ありがとう」は魔法の言葉

松木康夫先生と斎藤茂太先生のおかげで、私は泥沼から這い上がり「こんな人生、放り投げてしまいたい！」という最悪の状態から抜け出すことができました。とはいえ、私の体は、全快には、まだ、ほど遠いものでした。

人目があるところでは「元気いっぱいの経営者」を演じることができても、家に帰ったとたん、糸の切れたマリオネットのように崩れ落ちる。家では杖をついて歩き、階段は這って上る。そんな状態が、しばらく続きました。

あるとき、北海道伊達市《だてし》に暮らす友人から、思いもかけないお誘いをいただきました。しばらく北海道に姿を見せない私を案じ、「マラソン・ゴルフをやってみませんか？」と呼びかけてくれたのです。

マラソン・ゴルフは、「1日中コースを回って、何ラウンドできるか」を記録するスポーツです。自宅の中では、杖なしで歩けない私に、そんなゴルフができるのか…。

けれど、藁《わら》をもつかむ気持ちでしたから、すぐに北海道に飛び立ちました。友人の期待には、なんとか、こたえたいと思ったのです。

午前3時半、私の挑戦がスタートします。月明かりに照らされながら、無心でプレーを続けるうちに、地平線から大きな太陽が上がってきました。

ボールを追いかけてラフに入ると、ダイヤモンドのように輝く光の粒が目に入りました。目を凝らすと、そこには、何百、何千というクモの子たちが紡ぎ上げた、極小の美の世界があったのです。無数に張り巡らされたクモの巣に朝霧が露を残し、そこに太陽の光が差し込む。見事な自然の造形美。完璧な生命の営み。感動のあまり涙がこみ上げ、私はひざまずいて頭を垂れるばかりでした。

このクモの子たちは、その存在を誰からも気づかれず、ほめられもせず、評価もされず、それでも短い命を精一杯生きている。それなのに私は、人間という恵まれた存在であるにもかかわらず、与えられた命をそまつに扱い、ゆがめていたのです。

私はこのとき、はっきりと理解しました。**私が病んでいたのは、「ありがとうの気持ち」が足りていなかったからです。**

いつも誰かに助けられ、守られながらここまできたはずなのに、私はそのことを、少しずつ失念していました。別れや裏切りに対して、「どうして？　なぜ？」と問い詰めてばかりで…、「なんでこんな目に遭わなければいけないのか」と恨み言を言うばかりで…、

「今まで、ありがとう」と感謝を伝えることが、徐々に、少なくなっていたのです。

そのことに気づいてから、耐えがたかった苦しみは、嘘のように消えていきました。

うまくいかないことや、「どうして？　なぜ？」と嘆きたくなったときは、「ありがとう」という感謝の気持ちに置き換えてみてください。

斎藤茂太先生は、ご著書『いい言葉はいい人生をつくる』（成美文庫）の中で、「『ありがとう』を多く言うと、ストレスが少なくなる」とおっしゃっていますが、私も本当にそのとおりだと思います。また、全国の男女1000人（10代〜50代）を対象にした調査によると、「ありがとう」をたくさん言う人ほど精神的なストレスを引きずりにくく、幸福を感じていることがわかっています（「ありがとう」を1日に20回以上言う人の36・6％が「1日経てば忘れる」のに対し、まったく言わない人の40・5％が「1週間以上引きずる」と回答［※2］）。

「ありがとう」は、魔法の言葉です。「ありがとう」は、心のビタミン剤です。

「つらい」「苦しい」「イライラする」「腹が立つ」「空しい」といったネガティヴな感情が溢れ出したら、「ありがとう」を口に出してください。何が起きても「ありがとう」と言えるようになったとき、試練さえも、感謝の心で受け取ることができるでしょう。

021

チャンスは、「ピンチの顔」をしてやってくる

大きな転機やチャンスは、ときとして、「不運」や「不幸」や「逆境」や「試練」を装ってやってくるものです。逆境も試練も、その真っ最中にいるときはとても苦しい。でも、そこを通り過ぎたとき、目の前には新しい世界が広がります。**私がそうだったように、「逆境を生きた力は、あとから大きなエネルギーに変わる」のです。**

戦後、PTSD（強い不安が続く状態）に陥った私は、「笑うこと」をやめました。「やさしさ」を忘れました。荒ぶる魂をどのように鎮めたらいいのか、幼い私にはわかりませんでした。戦争の不条理さ、なぜ、爆弾が降ってくるのか、幼い私にはわかりませんでした。だから、暴れました。誰に当たったらいいかわからず、母に歯向いました。心を痛めた母は、私がはき出す怒りをすべて受け止め、抱きしめ、癒してくれました。

そして私は、よみがえりました。「大人を許さない！」「アメリカを許さない！」という子ども時代の「怒り」の感情は、やがて「むやみに命を奪わない社会をつくりたい！世のため人のためになりたい」というエネルギーに変わっていったのです。

「女だてらに」とか「変わり者だ」と陰口を叩かれても、ひるむことのないほどに、私の中には大きなエネルギーが宿っていました。戦争の不条理さは、解釈を変えれば、私の生きるエネルギー源でもあったわけです。

厚生労働省は、東日本大震災で被災した子どもの3割に、「ＰＴＳＤ（心的外傷後ストレス障害）の症状が見られた」とする調査結果を発表しました（２０１４年３月）。

死の淵に立ったことのある私は、子どもたちの揺れる心を理解できます。「可哀想だ」とも思います。でも同情をしているだけでは子どもの心を救えないことも知っています。

だから私は、子どもたちに、こう言いたい。

「チャンスは、ピンチの顔をしてやってくるのよ」

「悲しみはしばらく癒えないと思うけれど、この経験は、あなたが大人になって、世のため、人のために働きはじめるときに、必ず知恵とパワーを与えてくれるよ」

私の起業を後押ししてくださった松下《まつした》幸之助《こうのすけ》さんは、著書『道をひらく』（ＰＨＰ研究所）の中で、「要は逆境であれ、順境であれ、その与えられた境涯《きょうがい》に素直に生きることである」とおっしゃっていますが、たしかに与えられた運命に対して、起こってしまった出来事に対して、真摯に向き合うことによって自分の役割や使命が少しずつ浮き彫りになるのかもしれません。私は、**どんな出来事も「選ばれて経験させられている」と思っています**。私は特定の宗教を持ちませんが、それでも、何か大きな意思のもと「さまざまな経験を与えられる運命になっている」と思うときがあります。

私が経験し、そして、ほかの誰よりも強烈に教え込まれたことがあるとすれば、それは、「命の尊さ」です。「いかなる理由があろうとも、他者の命を脅かしてはいけない」ということを私に教えるために、多くの逆境が与えられたのかもしれません。

逆境の最中は、もちろん、心が折れそうになります。立っていられないほど足腰が萎《な》えてしまうことがあります。いつかその苦しみが去る、そうわかっていても…、絶望的な気分になることがあります。でも、どうかその痛みの中でも前に進んでください。**苦しくてもつらくても、あがいて、すがって、無様でもいいから、明日が来るのを、明日がダメならあさってが来るのを、信じてください**。「明けない夜はない」のですから。

人は、苦しみを乗り越えたとき、「本当の自分」に気づくことができます。だから、今がどんなに苦しくても、その先にあるものを信じて強く生きてほしい。チャンスを手にできるのは、試練から逃げずに、受け入れ、乗り越えた人だけです。尻尾を巻いて逃げた人は、自分を変えることはできません。

逆境こそが、人を育てる「海」なのです。

022

髪を振り乱して働いてはいけない

私のかつての夫、今野勉《こんのつとむ》さん（テレビプロデューサー・ディレクター）は、世間離れした人でした。私の会社の創業時、何度かの緊急事態に、私が彼の収入を事業につぎ込んだときも、「何に使うのか」とか、「あのお金は、どうした」とか、追及されたことはありません。いつも穏やかで、威張らず、口出しもせず、黙って私の「悪戦苦闘の日々」を見守ってくれていました。そんな勉さんが、たった一度、私に言ったことがあります。

「髪を振り乱して仕事をしないほうがいいと思うよ」

当時の私は、スッピンひっつめ髪。眼をつり上げ、髪を振り乱して、なりふり構わず駆け回っていました。たった一度とはいえ、スカートをはき忘れて表通りに飛び出し、ショーウインドウに映る自分の姿を見たときは、さすがの私も凍りつきました。

そんな私に、元夫は、「男だか女だかわからないような、そんな姿になってまで、仕事をする意味があるのかな」と言ったのです。

起業して間もないころ、訪問先の弁理士の容姿に絶句をしたことがあります。その方は「女性」のはずなのに、背広を着て、ネクタイをしめ、髪を7：3に分け、男ものの革靴を履いていました。そうです、彼女は、「男装」をしていたのです。

もちろん、彼女に男装の趣味があったわけではありません。そうしなければ潰されてしまうほど、当時の社会が、とくにその方の世界が、女性に閉鎖的だったのでしょう。

「ここまでしなければ、女性は世の中に出ていけないのか」

男性社会に交じり、紅一点で仕事をする大変さを目の当たりにして、私はせつなくなりました。女性らしく振る舞おうものなら、社会進出はかなわない。だから彼女は、「女性らしさを捨てる」という選択をしたのでしょう。


彼女にとってそれは、多くの男性と渡り合うための防護服だったのかもしれません。でも、声だけは隠せない。お話すると、とてもやさしい女性らしい声をされていたのです。能力があっても男装をしなければならなかった背景に、私の心は痛みました。

男装こそしなかったものの、女性らしさをなくしていた私は、彼女たちと同じだったと思います。元夫の勉さんは、

「男性と張り合うことはない。女性としての自分らしい発想で、女性の感性を生かして仕事をすればいい」

というメッセージを伝えたかったのだと思います。

それからの私は、TPOをわきまえつつも、スカーフを巻くなどして、だんだんと、女性としての自分らしさを表現するようになりました。

「女性のストッキングはベージュが一般的」だった時代に、私はあえて「黒」を選びました。なぜならグレーや黒のスーツや靴には、ベージュよりも黒が似合うと思ったからです。ときに、「女を売り物にして…」と非難を浴びせるのは、むしろ、同性の声でしたが、もう後戻りはしないと心に決めました。

もし、その後も、私が男性と張り合って、男性のような服装を選んでいたら、私の発想も、当時の男性企業社会と同様のものになっていたかもしれません。

身だしなみは、心の表現です。身だしなみを変えると、自分の心持ちが変わります。そして、自分の心持ちが変われば、相手の心持ちも変わります。

男性と張り合う必要も、男性を撃退する必要もありません。自分を知り、自分を生かし、自分らしい感性で社会に貢献していけばいいのです。言葉づかいも身のこなしも自分らしく美しく振る舞うことこそ、働く女性の「美徳」だと思います。

023

100歳現役！
高齢者こそが日本の「財産」

60歳を超えて、さらに輝きを増していく人と、魅力をなくしていく人がいます。

いくつになっても自分らしいライフスタイルを実践する人と、家庭にも、地域社会にも、自分の居場所を失ってしまう人がいます。

両者を分けるのは、「自分の役割を持っているか、否か」ではないでしょうか。

私の母は、95歳を超えてからも、まわりの人たちの面倒を見ており、どこに行っても愛され慕われていました。体力は衰え、ときおり記憶が混乱することもありましたが、持ち前の笑顔と大きな声と明るさで誰かの力になっていた。そんな母を誇りに思います。


年齢に関係なく、「自分の役割」や責任に気づいている人は、生涯現役で生きがいのある人生を送れる気がします。自分の果たす役割が見えている人は、たとえ体力的に衰えても、気力は衰えません。

「高齢者になったら、社会活動から離れて、年金をもらい、家族に面倒をみてもらう」という考えは、今の時代にそぐいません。

今の70代は、知力も気力も体力も、昔とは比べものにならないくらい充実しています。

体力も、専門知識も、熟練の技術も、人脈もある高齢者は、世の中の「財」として、まだまだ活躍できる場は、たくさんあるはずです。

高齢者が「今まで、高い税金を払ってきたのだから、かくなるうえは、国のお金を使って、少しでも楽をしよう」と考えているとしたら、その原因は、国と企業と個人の意識が、「人生50年時代」の発想から抜け出せていないからです。

国も企業も高齢者を見る目を変え、そして制度を変えて、高齢者が活躍できる場を提供すべきです。


街の清掃や公園の緑の手入れなどは、税金を使って業者に頼むのではなく、その地域に住む高齢者の力を借りて、地域ぐるみで管理をしてもいいのではないでしょうか。ニュージーランドのクライストチャーチに滞在した際、「街が美しいのは、町内で美化を競い合うコンクールがあり、高齢者をリーダーに頑張っているからだ」と聞きました。

そして、浮いた税金を子どもの教育のために使う。社会の役に立つのなら…、子どもたちが喜んでくれるのなら…、「おじいちゃん、おばあちゃん、ありがとう」と言ってもらえるのなら…、報酬は二の次で働いてくれる高齢者はたくさんいると思います。

歳を重ねることは、楽しいものです。私はもうすぐ80歳ですが、今が旬、今こそが働き盛りです。会社をつくって半世紀近く。それだけの経験をさせてもらって、私はようやく予行演習を終えたばかり。さあ、これからが私の本番です。

何かをはじめるのに、遅すぎることはありません。**60歳になっても、70歳になっても、80歳になっても、「この世に生まれて、果たさなければならないミッションは、まだまだいっぱいある」と私は思っています。**

ただし、国や企業の意識を変えるためには、何よりも高齢者自身が意識を変えることが必要です。企業にも、家族にも、地域社会にも、「自分たちは、こんなことができる」「自分たちは、こういうことで役に立つ」という姿勢を見せる必要があるでしょう。

まわりの考え方を変えさせるには、最初に「本人が変わらなければならない」のです。「もう歳だから」と口にしたら、その時点で現役からドロップアウトしてしまいます。年齢を重ねたからこそ果たせる役割があるはずです。年齢を言い訳にしないでください。

活力を失った日本に、再びスイッチを入れるのは、「高齢者の役割」です。

今こそ、シニア世代が大同団結して、社会の真ん中に戻ってきて、世のため、国のため、そして、若者の未来のために力を貸してほしい。そう願っています。

第5章

仕事と働き方

024

仕事とは、「ありがとう」をいただくこと

「10年後に起業する」と決め、アメリカやヨーロッパに渡り、31歳で日本に帰国。「会社を興す」と決めた期限まで、あと1年。さぁ、これから何をするか、と思案していたときのことです。ある日、経営者の先輩諸氏から呼び出され、こう申し渡されました。

「お金を儲けるということがどういうことか、その実感をつかみなさい。いちばん、むずかしい商品の営業をしてみて、仕事の厳しさを身を持って体験しなさい。人の上に立つのは、それからだ」

と。3ヵ月間、思いよもらず、セールスマンとしての体験をすることになりました。

当時、36万円もする「英語版エンサイクロペディア（百科事典）」を、こともあろうに農村で売るという、完全歩合制の仕事です。

マイクロバスで見知らぬ土地に連れて行かれた私は、田んぼの中に農家が点在する散村で、次々と家の戸を叩いていきました。野犬の群に追いかけられたり、田んぼの中に落ちたり、不審者に付け回されたり、「36万円の英語教材？　ふざけんな！」と罵声を浴びせられたり……。

何度も屈辱的な思いをしましたが、それでも、ひたむきさを忘れず、売りつけようとせず実直にお客様と接していると、ときには、「人の情」や「感動」をいただくことがありました。忘れられないことのひとつに、ある農家の老夫婦が熱心に私の話を聞いてくださり「孫が大きくなったらお祝いにあげたい」との理由で購入を決めてくれたのです。

しかし、ありがたいと思う半面、恥じる気持ちも残りました。「孫のため」とはいえ、「アルファベットもわからない」という老夫婦に、36万円もの百科事典を売りつけていいものかと。この老夫婦のやさしさに、手を合わせたい気持ちでした。

その後、このお2人からは、毎年、「孫が、中学に入った、高校に入った」と、年賀状を送ってくださいました。

「いいものを勧めていただいた。ありがとう」
「孫たちも元気に育っています。あなたのおかげです。ありがとう」

私は、この老夫婦の「ありがとう」から、たくさんのことを教えていただきました。商品そのものが直接役に立たなくても、お客様に喜ばれる売り方がある。そして、ひとりでも多くの人に喜ばれたとき、自分も成長させていただける。**「モノやサービスを売る」こと以上に「相手の気持ちや感情に寄り添う」ことの大切さに気づくことができたのです。**

働くことの喜びに気づいたそのあとは、この大変な営業からつらさが消えていました。毎週セールスマンが入れ替わるほど過酷な環境にあって、それでも私は、毎週3セット以上売り、トップセールスを記録し続けたのです。そんなことができたのも、セールス体験を通して、仕事の素晴らしい一面を発見することができたからです。

「会社を経営して利益を生み、社員の人たちに毎月きちんと給料を支払う。人に喜ばれる仕事をしながら、会社を継続する責任を担う」

セールス体験を勧めてくれた大先輩たちは、このことを私に教えたかったのでしょう。

仕事とは、人に喜ばれることであり、社会に対する責任を果たすことだと思います。つまり、お客様と、物心の両面で交流をすることです。だとすれば、私たちがすべきことは、たとえ、お金がたくさん入らなくても、「ありがとう！」がたくさん入ってくる仕事をすること。**「ただそれだけ、まずはそこから」ではないでしょうか。**

025

「世のため、人のため」という志を発信し続ける

必死に生きていると、不思議と誰かが手を差し伸べてくれます。私は、たくさんの、すぐれた師との出会いに恵まれました。厳しいながらも思いやりを持って指導してくれた方、仕事を紹介してくださった方、「メシ食ったか」と気づかってくださる方……。

尊敬する先輩たちは、いつも「おまえは、やる気を見せすぎる」「おまえは、屁理屈ばかり言う」「おまえは、かわいげがない」「おまえは、アホだ」「えっ、笑うか、この場面で」とあきれながら、それでも私を公平に評価し、背中を押してくださいました。

松下《まつした》幸之助《こうのすけ》さん（パナソニック・創業者）、本田《ほんだ》宗一郎《そういちろう》さん（本田技研工業・創業者）、井深大《いぶかまさる》さん（ソニー・創業者のひとり）、豊田《とよだ》章一郎《しょういちろう》さん（元・トヨタ自動車社長）、堤《つつみ》清二《せいじ》さん（元・セゾングループ代表）など、名だたる経営者が私に手を貸してくださったのは、どうしてでしょう？　**あらためてその理由を考えてみると、思い当たるのは、私が「発信し続けたから」だと思います。**

「赤ちゃん110番」は、スタート直後から電話回線をパンクさせるほどの反響を得たものの、それでも結果的には、嵐の中の船出だったといえます。なぜなら、当時は、電話への課金が法的に許可されておらず、「収入のめど」がまったく立たなかったからです。

私は、お金を出してくれるスポンサー探しに躍起になりましたが、何十社回っても、期待どおりの返事はいただけません。当時は、テレビへの広告出稿（ＣＭ）が主流で、電話サービスのスポンサーになるメリットなど誰も理解できなかったのです。

それでも私は、毎日、声を枯らして訴え続けました。

「視聴者の数では、テレビにはかないません。けれど電話相談なら、テレビよりももっと深く人の心に触れることができます。大切なのは、アタマ数ではありません。パー・ヘッド（頭）ではなくパー・ハート（心）です。パーソナルな個別対応です」

「困っている人の役に立とうとする私たちベンチャーが、そんなに悪いのですか！」

黙って待っていても、協力者は得られません。支援者や仲間を見つけたいのなら、自分から「発信する」「訴え続ける」「飛び回る」ことです。

時間がかかっても、すぐには実を結ばなくても、権力が立ちはだかっても、自分の志を発信し続ける。そうすれば、その志に共感してくれる人が必ずあらわれます。

「赤ちゃん１１０番」は、徐々に企業のスポンサーもつくようになり、経営も軌道に乗って、「電話相談サービス」というビジネスを日本に定着させることができました。

志は、自分の利害のためではなくて、「誰かのため」に掲げるのです。

私は、電話というツールを「世のため、人のため、国のため、新しい未来のため」に使いたかった。自分のわがままを通したかったわけでも、お金儲けがしたかったわけでもありません。「人々の不安・不満・不便を解消したい」、そのための最適・最強のツール、それが電話だったのです。

私が発信していたのは、その時代に生きる生活者の本音です。全国から寄せられた、働く女性の…、子どもたちの…、高齢者の…、もがき苦しむ、本音の声です。

私はただ、生活者の声を代弁したにすぎません。苦しいときでも意欲を失わずにやり抜くことができたのは、「世のため、人のため、国のため、新しい未来のため」という「志」を忘れなかった、素晴らしい社員たちがいてくれたからです。

もしあなたに「志」があるのならば、そしてその志が、「誰かを幸せにするもの」であるのならば、発信し続けてください。

そうすれば必ず、あなたを正当に評価してくれる人が味方になってくれるでしょう。

自分が「あきらめたくないこと」をあきらめずに、言葉にし続ける。発信し続けていれば、あなたの考え方や生き方は、必ずまわりに伝わるはずなのです。

026

アイデアは、他者への「愛」から生み出される

アイデアは、専門知識がもたらしてくれるものではありません。「他者への深い愛」がもたらしてくれるものです。

あらゆる技術、あらゆるサービス、あらゆるビジネスの目的は、「世のため、人のため、国のため」にある。

そのことを理解していれば、アイデアは尽きることなくあふれてくることでしょう。

起業家とは、「見えないもの」を「夢見ることができる人」です。

見えているものには満足できず、「こういうものがあったらいいのに」と、新しい技術、新しいサービス、新しい世の中のしくみを夢見て、それを実現させようとする人です。

私には専門領域はありませんが、だからこそ、専門分野の壁にとらわれない発想ができた気がします。

以前、ベンチャー起業家の相談に乗っているとき、「この世界で一生懸命生きてきた専門家の私でさえ思いつかないアイデアを、どうして今野さんはパッと思いつくのですか？」と驚かれたことが、これまで何度かありました。

ジャンルを問わず、発明や、発見や、アイデアが閃くのは、その世界の常識にとらわれていないからですが、それ以上に、

「誰のために」

「何のために」

という視点で、ものごとをとらえているからです。

小学1年生のときに、市の「発明コンクール」で一等賞をもらったことがあります。つくったのは、「精米器《せいまいき》」。母親の化粧クリームの空き箱や割り箸などを寄せ集めて組み立てた代物です。

背中を丸めた小さな祖母が、毎日のように、一家の食べる玄米を一升瓶の中に入れて、全体重をかけながら「米つき」をしていたのを見て、「祖母にそんなことはさせたくない。なんとか楽にしてあげたい」という、孫の思いでつくったものです。

この精米器は、思いもかけず、小学1年の部で一等賞を取り、母校の正面玄関の大きなガラスケースの中に飾られました。

ですが、1年生がつくった手づくりの作品ですから、かわいそうなほど、みすぼらしくて、それ以降、ガラスケースの前を通ることはありませんでした。

戦時中の大変なときに、上級生たちは「お国のため」に役立つものをつくりました。けれど私だけは「たったひとりの、大好きな祖母のため」の発明でした。当時は、そのことに対する恥ずかしさもあったのだと思います。

でも、「誰かの不安や不便を解消してあげたい」という思いは、今もずっと心の中にあり続ける、私の本心です。

発明や、発見や、アイデアは、結局のところ、「愛」なのだと思います。

「誰かの不安や不便を解消してあげたい」という深い愛こそ、アイデアの源泉なのです。

そして経営も、「愛」です。

私の会社が、「May I help you?（お手伝いをしましょうか?）」の精神を掲げているのは、新しいビジネスを通して、「世のため、人のため、国のため」に、愛を捧げていきたいと考えているからです。

027

自分で道を選択し、自分で責任を取る

「自分の人生において、選択を迫られる場面」は、幾度となくあります。そのとき、決断を人に託してはいけません。親や、先生や、環境や、法律や、常識や、慣習に流されることは、他人の人生を生きることです。既定路線を進むだけでは、自分らしく生きることは、かなわないでしょう。最後の「決断」は自分の権利です。

私はかねてより、「女性の社会進出」を支援しています。学問も仕事も「男の特権」とみなされていた時代に、起業の道に挑戦してきた私だからこそ、「女性の感性」が社会を豊かにすることを知っています。女性は機会さえ与えられれば、過酷な状況にあっても、社会のために多くを達成できるのです。チリ初の女性大統領、ミチェル・バチェレさんは、国連女性デー（２０１１年３月）において「女性の強さ、勤勉さ、知恵はまさに人類最大の未開発資源といえます」と呼びかけました。私も同意見です。狭く閉ざされた門戸は、少しずつ開かれてきて、第一線で働く女性も増えてきました。これからは、女性の起業力がますます求められるでしょう。

でも、私は、**「すべての女性が社会に出るべき」と考えているわけでも、「全員が働く女性になって、男性を撃退しよう」と思っているわけでもありません。**

私が目指しているのは、男性も女性も、すべての人が「自分の生き方を自由に選択できる成熟した社会」をつくることです。

私の友人のひとり、A子さんは、「この人ほど、専業主婦が向いている人はいない」と思えるほど、家庭的な女性です。「この人は、生まれ変わっても、もう一度、専業主婦になって、『素敵な主婦とは何か』『素敵な母とは何か』を世間に見せる役割を担っているのではないか」と感じるほどです。

彼女は、「就職不況だからやむなく専業主婦になった」わけではありません。「いい人をつかまえて安泰に暮らそう」と、自分の幸せを人に委ねたわけでもありません。みずから信念を持って「専業主婦」を選択したのです。とても自分らしく輝いています。

B夫妻は、逆転夫婦です。奥様が収入を支え、ご主人が家事（育児）を支えています。「わが家の収入は7：3で女房です」とご主人は笑いますが、彼は卑屈になっているわけでも、後ろめたさを感じているわけでもありません。しかたなく家事をしているのではありません。彼は、主夫としての役割をみずから選んでいます。

ご主人にとって、自分の能力をいちばん生かせる選択が「主夫」であり、奥様にとって、自分の能力をいちばん生かせる選択が「仕事」だった。この夫婦は、世間の目を気にせず、お互いに自分の役割を天職として楽しんでいて、幸せいっぱいなのです。「他人の基準」で生きるのではなく、自分たちの生き方を自分たちで選択しているのです。

いくつかの選択肢があるとき、私は「むずかしいこと」「変化の大きいこと」「ほかの人が選ばないこと」を選んできました。

先が見える選択肢と、見えない選択肢があったら、見えないほうを選んできました。「ラクなこと」や「誰にでもできること」に流されたことは、ほとんど、ありません。

なぜなら、**「むずかしい道ほど自分に多くのものをもたらし、新しい世界が目の前に広がることが、経験的にわかっているから」です。**

自分の人生は、自分で決める。そして、自分で決断をした以上は、責任転嫁をしない。自分の責任で前に進み続ける。たとえその選択が間違っても、その過ちは「経験」になります。けれど人に委ねると、失敗の原因もつい他人のせいにしたくなる。だから「自分の生き方は自分で選択」し、あなたらしく、いさぎよく生きてほしいと思うのです。

028

「変化」し続けることで、人は成長できる

「変化」は、チャンスです。変化は、人を強くします。

変化は、怖いことではありません。変化は楽しいことです。

変わろうとすると最初は違和感を覚えるかもしれません。でも、変わらないままズルズルいく停滞感に比べたら、心地よい感覚だと思います。だから、自分に起きる変化を、もっとおもしろがってください。変化を逆手に取って、本来の自分を見つけてください。

逆に「現状維持」というのは、後退と同じです。**時代観も、価値観も、法規制も、どんどん変わっていくのに、「今のやり方でうまくいっているのだから、変える必要はない」と油断していると、時代が動いて、すぐに取り残されてしまいます。**

昨日までの正解が、明日も正解だとはかぎりません。そう思い、小社、ダイヤル・サービスの組織改革、意識改革に取り組んでいます。社員の役職をいったん外し、新人もベテランも、同じスタートラインから、ヨーイドンです。

役職や地位に依存しない。全員が現場に戻り、初心に帰る。頼るのは、自分の素の力。

これからの時代は、「会社の指示を待つ受身の姿勢」ではなく、自分で考え、自分で動いて提案し、みんなで仕事をつくり出す積極的な姿勢が求められています。

慣れ親しんだ環境ややり方に、固執する社員も少なくありません。変革に戸惑う人もいます。うずくまって、立ち上がる気配を見せない人もいます。

人は現状に満足できず、「変わりたい」という心を、本来は持っているはずです。けれど、変わることのリスクや不安が勝り、「安定した所にいたい」と思ってしまいます。

とくに、大きな挫折を知らない人や、役職にこだわる人は、変化を嫌う傾向にあるようです。一度でも高みに登ってチヤホヤされたことがあると、自分を担いでくれるものを失いたくない。今のこの環境を壊されたくないと思うのでしょう。

一方、挫折、失敗を乗り越えてきた人は、変化を受け入れやすい。

「試練も、変化も、必ず乗り越えられる」「今日と同じことをしているかぎり、明日は何も変わらない」ことがわかっているので、自然と、自信を身につけているのだと思います。

役職から解かれたとたん、「もう一度現場に戻れる！」「これで自分の本領を発揮できる！」と喜び勇んで実績を上げた社員もいます。この社員は、「変化こそ成長の源泉である」ことを体感覚で理解している。だから、一般社員に戻ることを歓迎できるのです。

私は、「自分で変化をつくれる人」になりたいと思っています。人生の中で、思いもよらない分岐点に立たされたときは、「変化の大きいほう」を選ぶようにしています。仰天したり、ドキドキしたり、ワクワクする回数の多いほうが、人生は楽しいからです。「変化の回数が多いほど、未知との出会いが多いほど、成長できる」と、知っているからです。人生の分岐点に差し掛かったら、「変わらないまま同じ道を進んだらどうなるか」を想像してください。そして、**あなたに必要かつ可能な「変化」しかやってこないことを、体感してみてください**。

自分から、「外」に出てみる。そして、困っている人を見かけたら、自分からひと声かけてみる。手を差し伸べてみる。ご近所の方とすれ違うときは、素通りせずに挨拶をする。ほんのちょっとしたことですが、そこから生まれる「変化」を楽しんでください。「変われるものなら変ってみたい」という意識が芽生えたのであれば、大きな前進です。その気持ちを持ったまま「外」に出てみましょう。見える景色が違ってくるはずです。

何も起こらないまま、昨日と同じ今日が、今日と同じ明日がずっと続いていって、人生が終わってしまうのは、あまりにも、もったいないことだと思いませんか？

029

「もはや、これまで」という事態に見舞われても、とにかく前へ進み続ける

私は、「自分が自分と語り合って、本気で選択したこと」に関しては、自信を持って、誇りを持って、最後まで貫くべきだと考えています。

仮に、自分らしく生きるために「起業」の道を選択したのなら、途中で放り出してはいけません。なぜなら自分がつくった会社は「自分が産んだ子どもと同じ」だからです。

子育ては、順風満帆なときばかりではありません。親を泣かせることもあります。親の言うことを聞かないときも、憎たらしいときも、病気になるときもある。それでも愛情を持って育てていくのが、産んだ親の責任です。

「子どもが自分と似ていない」とか「病気ばかりする」とか、そんなことで、子どもを放り出す、その程度の覚悟なら、最初から産んではいけません。

企業経営は、子育てと同じです。

子ども（会社）が親（経営者）の意思に背くことがあっても、病気をして怪我をすることがあっても、愛情を注いで見守っていきましょう。

会社を経営している以上、窮地は必ず訪れます。私の会社も、何度も難病を患い、大怪我もしました。大口スポンサーの離脱、手塩に掛けた社員の離反、一銭の収入もなく手弁当でやりくりしたこともある。それでも経営者は、会社という子どもの自立のために、命をかけるのが務めです。

1970年代は重工業が盛んな時代でした。社会の価値観は「重厚長大《じゅうこうちょうだい》」、大切なものは「お金」と「モノ」でした。そんな時代に、突如、目に見えないもの（＝情報・心・生活者の知恵）を引っさげて登場した私の会社は、「見たこともない変なもの」だと見なされていました。

ある実業家から「そんな貧乏会社はやらないほうがいい。手放したほうがいい。支度金として5000万円を出すから、私の仕事を手伝わないか」とお誘いをいただいたことがあります。最初の年、会社の売上は、1年で500万円でしたから、その10倍です。「ありがとうございます！」と言って、飛びついてもおかしくない。けれど私は、明日をも知れない子ども（会社）を、手放そうとは、まったく思いませんでした。

「人間が本来持っている、助け合いの心を取り戻す」ために…、「社会に貢献して弱者を助ける」ために…、「社会から得たものを社会へ還元する」ために…、そして、「たくさんの人が『ありがとう』と感じるものをつくる」ために……、「ダイヤル・サービス」を一人前に育てる自信と誇りを持っていたからです。

「もはやこれまで。これで終わり」という事態に、何度も見舞われましたが、「さぁ、ここから！」と立ち向かう胆力こそが、ベンチャー企業を一人前に育てていったのです。

万が一、会社が倒産の憂き目にさらされても、生き恥をさらすことを怖れてはいけません。生きて、生きて、生き抜いて、立ち直って、世のため人のためになる生き方を見つけることこそ、「ベンチャーという生き方」そのものです。

つらい経験をして社会から叩かれようと、笑われようと、親しい人から見捨てられようと、それでもすべてを受け入れて、失敗を次に生かし、人々を幸せにするために働く。そのあくなき挑戦がベンチャー起業家の使命です。

もしも、あなたが「起業」を選択するのであれば、自分が産んだ子どもを、一生、愛し続ける覚悟があるのか、もう一度、自分の心に問うてみてください。

その覚悟こそ、本当に、起業家に求められる「素養」なのです。

030

押してもダメなら、もっと押す

「誰もやらなかったこと」をはじめると、そのことを快く思わない人や、あからさまに敵対する人が必ずあらわれます。

目の前に壁が立ちはだかったとき、私は、こう思うようにしています。「今こそ、自分の意志が試されている」のだと。

本気ではじめたことなら、邪魔が入っても怯《ひる》まないことです。立ち止まらないことです。「変人」「奇人」とけなされようと、ニッコリ笑って、やり抜くことです。

その強い意志を見せ続ければ、いつか敵を理解者に転換することができます。オセロゲームのように、パタパタと敵を味方にひっくり返すことができる。私はそう思います。

講演が終わったあとに、見知らぬ人から声をかけられて、驚くことがあります。

「私は毎晩『子ども110番』の人たちに電話で話し相手になってもらって育ちました」

「母から聞きました。母は『赤ちゃん110番』に相談しながら私を育てたそうです」

「今は私の子どもが、『子ども110番』のお世話になっています」

立派な大人に育った「元・子どもたち」の出会いと成長を嬉しく思い、抱きしめたくなる瞬間です。私と縁のある、何百万もの人たちが、今のこの国を支えてくれているのかと思うと、胸がいっぱいになります。

私が、「赤ちゃん110番」をはじめたのは、「ダイヤル・サービス」を設立した2年後の、1971年です。

当時は、子育てに自信のない母親が「わが子を虐待する」という事件が取り沙汰されていました。親が子どもを身体的、精神的に追いつめていたのです。駅のコインロッカーに赤ちゃんを遺棄したり、川に投げ捨てるなど、毎月4、5件は、目を背けたくなるような、子殺しの事件が起きていた時代でした。

1970年以降は核家族化が進んだため、若い母親は孤独な子育てを強いられていました。悩める母親たちを救いたい。子どもたちの命を守りたい。親の子殺しに心を痛めた私は、電話による育児相談サービス「赤ちゃん110番」をスタートさせました。

このサービスは、前例がない世界初の試みです。「電話相談サービス」がビジネスとして成立するのか、誰にもわかりません。当然、「長続きするのか」という疑問の声を数多くいただきました。「あいつは本気なのか？　今野由梨は、頭がおかしい、子どもも産んだこともないくせに」と、辛らつな言葉を浴びせられました。でも私は「本気」でした。

私は若い頃から、「誰もやらなかったこと」ばかりやってきたため、「奇人」「変人」のレッテルを貼られてきました。大卒の女性が少なく、「女性の定年は25歳」と言われていた時代に、「4年制大学に行きたい」と言ったときも、１９６９年に「会社を興す」と言ったときも、まわりからは猛反対。

「人の役に立つ会社をつくりたい。生活者が困ったとき、迷ったとき、つらいとき、電話で何でも相談できるサービスを提供したい」という一念で「ダイヤル・サービス」を立ち上げたものの、見たことも聞いたこともないサービスだったせいか、誰にも理解されませんでした。

電電公社（現ＮＴＴ）に「赤ちゃん１１０番」の「課金制度」を提言してから実現するまでに、なんと「20年」もの歳月がかかっています。「法制度」を変えるのは、簡単ではない。でも、私は、20年間、一度も退こうとは思いませんでした。

「押してもダメなら、引いてみな」も一理ありますが、**押してもダメなのは、「本気で押していないから」ではないでしょうか。**引いてみる前に、もっと真剣に、気合いを入れて、勢いをつけて、押して、押して、押して、押しまくる。

そうすれば、あなたの本気は、その思いは、必ず人を動かすはずなのです。

第6章

素晴らしき国、日本に生まれた意味

031

日本は、世界に「お手本」を示せる数少ない国

先日、深夜にたまたまテレビをつけると、番組内で、「テラフォーミング（人類が住めるように、地球以外の惑星を改変すること）」について、検証をしていました。

「地球を逃げ出す時代が近づいている」というのです。

そして「環境破壊が進む地球を逃げ出して火星に移住しよう。最新の科学技術、たとえば3Dプリンターなどを使えば、火星に住居を建設することもできる」と論じていました。

地球以外の惑星に住む。宇宙を開拓する。それは、それで、たしかに夢のある話です。けれど私は、手放しでは賛同できません。環境破壊が進み、資源が枯渇したからといって、「この奇跡の星・地球を放棄する」という考え方に、私は寂しさを覚えずにはいられないのです。

最先端の科学技術は、地球から逃げ出すためではなくて、「地球を取り戻すために使ってほしい」のです。

自分たちが捨ててきた故郷、誰もいなくなって放置された民家、田畑、井戸、川、山を、もう一度取り戻すことのほうが、ずっと、ずっと、大切な仕事だと思うのです。

3・11の震災による地震、津波、原発事故を経験した私たち日本人は、当時、この世の終わりかと思うほどの大惨事に直面しながら、それでも、逃げずに、捨てずに、見事に立ち直った姿を世界に見せるべきではないでしょうか。

人間の力の及ばないような事態に陥っても、必ず再興できることを世界に示す。そして、世界に希望を与える。**それができるのは、「私たち日本人しかいない」と思います。**

軍事力の強化や憲法改正を論じる前に、被災地を世界の希望のメッカにするために叡《えい》智《ち》を出し合うことのほうが先決ではないでしょうか。

これからの時代、新興国が発展を遂げる過程で、先進国と同じ道をたどるかもしれません。経済を優先するあまり、環境保護が後回しになるかもしれません。

新興国の都市部の大気汚染は、かつての日本の「公害」と似ているし、酸性雨の被害や化学物質汚染も、どんどん進んでいます。

でも、それらをすでに経験している日本なら、新興国に対して、「私たちと同じ過ちを犯さないでください」と正しい方向に導くことも、解決策を示すこともできるはずです。

かつて、ネパールの知人から「日本は金持ちの国だからといって、気安くよその国にお金をばら撒かないでくれ。そのお金で、その国と国民の間で不信感を持ったり、プライドを失くし、傷つき、混乱して、自分の国を信じられなくなっている実態をちゃんと考えてほしい」と言われ、驚いたことがあります。

「援助」とは、お金を丸投げすることではありません。国民が幸せになる使途を見届ける責任があり、そうでなければ、納税した日本国民も浮かばれません。

人も国も、苦境に立たされたとき、はじめて自分の「使命」に気づくことがあります。震災も災害も、もちろん、なかったほうがいいに決まっています。

でも、過去、数百年、数千年の間に、こうした苦難の経験があったからこそ、日本人は苦しみの中から知恵を生み出し、技術も開発し、「世界のお手本となれる、平和を願う心」を育んできたのも事実です。

与えられた逆境の中から意味を見出し、「この国の使命とは何か」を考える。世界における日本の役割を私たち一人ひとりが真剣に考えることができれば、日本は、世界のよき「お手本」になれるはずです。

032

人生に「偶然」はない。すべてに意味があり、起こるべくして起こっている

人生に「偶然」はありません。すべてに意味があり、起こるべくして体験させていただいているのです。理不尽だと思っても、まずは受け入れる（感謝する）。不平不満を言う前に、その意味を考えてみる。その意味に気づいたとき、人は「自分らしく輝くことができる」のだと思います。

今は信じられないかもしれません。でも、さまざまな経験をしていく中で、いつか必ず「すべてに意味がある、偶然はない」と実感する日が来る。だから、まず「すべてに意味がある」と、いったん、信じてみることから、人生は好転するのだと思います。

1945年7月17日、三重県桑名市内に、数千発の焼夷弾《しょういだん》が投下されました。燃えさかる火は激しさを増し、町は一瞬にして、炎の地獄と化します。

当時9歳だった私は、父親とも、母親とも、姉妹たちともはぐれ、ひとり、火の海に取り残されたのです。恐怖心の中で、私はひたすら祈りました。

「なぜですか？　私は何も悪いことをしていないのに、なぜ私だけが、こんな経験をさせられるのですか？　私はここで焼け死ぬのですか？　もし生き延びることができたら、戦争で罪のない子どもが命を落とすことがないように、私は頑張ります。だから神様お願いします！　どうか、どうか…、私を死なせないで！　助けてください！」

必死で逃げ、走り、地面に崩れ落ち、また走ってはよろめき…、途中で意識を失って、気がついたら、知らない男の人に背負われて、炎を逃れていました。

私は、無傷のまま、奇跡的に「生」への綱《つな》をつかみ取りました。「神様は、約束を果たしてくださった」のです。「私も、神様との約束を果たさなくては！」と思いました。

女性の進学が偏見を持たれている時代に、津田塾大学（英文科）に入学したのも、ニューヨーク世界博のコンパニオンとしてアメリカへ渡ったのも、「あの夜」以降、「アメリカに行って、空襲体験について話さなければいけない。アメリカに行って、『子どもの命を奪うのを、やめてください』と言わなければいけない。そのための仕事をしなければいけない」という使命感のようなものを持ち続けていたからです。


大学に進んでも就職に完敗し、社会からの門戸を閉ざされ、女性に対する偏見を受け、当時は、間違いなく、働く女性にとっては不遇な時代でした。「こんなに頑張っているのに、どうして…」と、やり場のない憤りを感じたこともあります。

ですが、今の私はそうは思っていません。私が「あの時代に、女性として生まれたこと」には、積極的な意味があったと思うのです。

戦時中の「あの夜」があったからこそ、私は、姉妹たちとは違う未知の世界を歩こうと決めました。

そして、「男性社会」を経験したからこそ、「女性が思う存分仕事ができる舞台は、自分でつくるしかないんだ！」と起業を決心できたのです。就職試験にすんなりと合格していたら、起業家の道に進むことはなかったでしょう。

もし私が違う時代を生きていたら、まったく別の考え方をしていたはずです。今の自分はありえません。でも、あの時代に生まれる以外の運命はなく、必然だったのです。

そう思えば、逆境も、差別も、偏見も、阻害も、「今の私」には必要なものだったと、受け入れることができます。私の心に「世のため、人のため」という使命感が芽吹いたのは、「あの時代に生まれたから」なのです。

人はみな、自分の意志よりも、はるかに大きな意志や役割に導かれて生きているのではないでしょうか。**誰もがそれぞれ、「この時代に、この国に生まれ、育って、体験したこと」に、必ず意味があり、出来事は、起こるべくして起こっているのです。**

033

本当の「豊かさ」とは、自分の役割を全うすること

十数年前、ロシアを視察したときのことです。ロシアの人たちが何を考え、どのような暮らしをしているのかを知りたくて、私は街に出ました。そして、ロシアの現実を目の当たりにします。

子どもを持つ母親のひとりは、こんな話をしてくれました。

あるとき、子どもと一緒に市場に買い出しに行ったとき、子どもがバナナの房の前で立ち止まったことがあったそうです。

でも彼女には、バナナを房ごと買うお金はなかったのです。**しかたなく「1本だけ切り売りしてほしい」と頼んでみたのですが、店主は知らんふり。**すると、突然、別の男がやってきて、バナナを全部買い占めていってしまったというのです。

母親は男に追いすがって「1本売ってほしい」と懇願したものの、相手にしてはもらえなかった。男は全部のバナナをクルマに放り込んで、立ち去っていったそうです。

彼女は、「今のロシアでは、子どもの尊厳を守ってあげることができない」と涙を流して訴えました。

子どもから、個性と尊厳を奪う世の中というのは、どう考えても間違っています。この小さな奇跡の星、地球に生まれたもの同士、どうすればみんなが「豊か」になれるのか、「本当の豊かさ」とは何なのか、そろそろ真剣に考えるべきではないでしょうか。

日本の極貧時代であれば、大人も、子どもも、「お腹いっぱい食べること」こそが、豊かさでした。

「高度経済成長」があったからこそ、あの貧しい時代を乗り越えて、ここまで豊かな国になったわけですし、日本の選択が間違っていたとは思いませんし、感謝もしています。でも、経済大国へと、国が大きく舵を取ったその陰で、無数の人たちの人生や命が取りこぼされてきたのも事実です。

急激な経済発展が生んだ急激な「核家族化」がもたらす人々の悲しみに、手を差し伸べなければいけない。パラパラとこぼれ落ちた「大事なもの」を拾い集めなければいけない。その一心で、私は「ダイヤル・サービス」を立ち上げました。**「経済成長しよう」という旗印を立てて、お金と物質を求め続けた日本を、「和をもって貴しとなす」日本に**

戻したい。そんな思いがあったのです。

では、今の時代の「豊かさ」とは、いったい、何なのでしょうか。

お腹いっぱい食べれたり、財産を多く所有していれば、豊かになれるのでしょうか。私には、それだけで豊かになれるとは、とうてい思えません。

私は、**「自分が選択した、それぞれの未来を、自分らしく完全燃焼できる世の中」**こそが、本当の豊かさだと考えています。


不完全燃焼で、みんなから疎《うと》まれて、やがて死んでいく。そういう社会をつくってはいけない。すべての人が出し惜しみをしないで、完全燃焼することが、本当の豊かさだと思うのです。そして、「自分の役割を全うすること」こそが、必ず、誰かの勇気や、希望や、挑戦に、つながるはずだと、信じています。

自己完結するのではなく、誰かの涙を笑顔に変えることが少しでもできるのなら…、地球上のすべての人が「誰かの幸せ」のために自分の力を傾けたとしたら…、世界は大きく変わるはずなのです。

034

「日本をよりよくする」ことが、私たちに与えられた使命

私は、創業するまでの10年間のうち、約半分をニューヨークとベルリンで過ごしています。当時、アメリカやヨーロッパは、すでに女性の社会進出が進んでいましたが、私は一度も、「日本に戻るのをやめて、アメリカやヨーロッパに残って仕事をしよう」と考えたことはありません。

日本に戻れば、女性起業家がしいたげられることも、厳しい状況が待っていることもわかっていました。それでも私が帰国したのは、**「世のため、人のため、私の国、この日本のために生きる」ことが私の使命だと、信じて疑わなかったからです**。日本のために日本に戻るのは、鮭が海から生まれた川に戻るように、私にとって自然な流れでした。

起業の目的が「自分のため」だけなら、日本にこだわる必要はなかったでしょう。「お金のため」だけなら、もっとラクに稼ぐ方法が、いっぱい、あったはずです。

ですが、あの戦争を体験した私は、「この日本のために」という思いが、非常に強かった。「罪のない子どもが命を落とすことのないように、そのために尽力する」のが、当然のことだったのです。

先日、ある若手起業家を紹介され、食事を一緒にしたことがあります。私が「この日本のために役立ちたい」と考えていることを知った彼は、**「実は、自分もそう思っていますが、今までお会いしたどの方からも、『この日本のため』という言葉を聞いたことがありません。感動しています、嬉しいです」**と言って小さくふるえ、涙を流しました。私は彼の涙に、「この国の希望」を見出した気がします。「日本も、まだまだ捨てたものではないな」と…。

世界を見渡せば、紛争は続き、貧困はなくならず、エネルギーも食料も枯渇し、緑の大地は砂漠になる……。もはや「地球」そのものが持ちこたえられないところまできているのですから、個人の都合、権利、利益ばかり主張する以上に、人として「もっと大きな使命」と照らし合わせながら、一人ひとりが行動すべきときが、来ているのです。

人には誰しも持って生まれた「使命」があり、それを成し遂げるための「能力」も与えられています。でも、あなたが「自分には何もない」と思っているとしたら、それは、「個人のことだけを考えているから」かもしれません。

この「地球時代」においては、「日本」という国の果たすべき役割は、たくさん、あります。自分の役割も、使命も、才能も、「世のため、人のため、国のために役立てたい」と決めたときに、必ず気づくものなのです。

日常の生活の中にも、仕事の中にも、自分の使命を見つける「ヒント」は、たくさん隠されていると思っています。

ヒントに気がつけないのは、「感性のアンテナ」がにぶっているからかもしれません。「生きることは、平凡なものだ」と決めつけ、好奇心に蓋をしているからです。ヒントは目の前にあるのに、「もっとどこか、はるか遠くにあるはずだ」という先入観が目を曇らせていませんか。

いつでも、どこでも、感性のアンテナを伸ばして、街ゆく人々を、緑の大自然を見ていれば、たくさんの情報が飛び込んできます。「日常の中にも、自分の使命に気づくためのチャンスやヒントや真実が眠っている」ことを忘れないでくださいね。

035

アメリカの女性起業家の言葉、「日本人とは、これほど素晴らしいのか！」

西ベルリンで、欧州における「電話サービス」の実情調査をしていたときのことです。現地で知り合った、ある韓国人実業家に騙され、損害を被ったことがあります。

また、アメリカで会社を立ち上げたときも、あるひとりの韓国人から思いもかけない仕打ちを受けます。本人の願いで副社長に任命した韓国人に訴訟を起こされたのです。裁判請求の理由に挙げられたのは、「年齢、国籍、人種による差別」とのこと。根も葉もない訴訟でした。裁判はなんと私の負け。私はニューヨークを撤退することになりました。

当時、アメリカは弁護士が増えすぎて、日本企業を標的に、訴訟が多発した時代でした。

「かつて、戦争で戦った敵国同士の信頼を取り戻すため、民間人レベルの交流を大事にして、新しい歴史をつくりたい」

私はそう思ってアメリカへ進出したのですが、信頼していた韓国人によって阻まれてしまったのです。**それでも私は、日本と韓国の、日本と中国の、日本とアジアの「架け橋の一翼を担いたい」という「志」を曲げたことは、一度も、ありません。**韓国への思いも、当時、多くの韓国人が慰めてくれて、一段と深まりました。これからも、韓国も、中国も、愛し続けていくでしょう。ここ数年、日韓の関係はどんどん悪化しています。日韓両国は、問題を解決する糸口さえ見出していません。双方の批判合戦のみが目につきます。

けれど、今の私たちが取り組まなければならないのは、人口問題、環境問題、エネルギー問題、難民問題といった「地球規模の問題」です。そのためには、国同士が協力し合うことです。胸襟《きょうきん》を開き、ひざを交えて対話をすることです。それなのに、私たちはいつまで批判し合うのでしょうか？　22世紀になっても、23世紀になっても、ヘイトスピーチやネガティブキャンペーンを張って、近隣国への憎悪を続けるのでしょうか。

「事実無根のこと」を言われたからといって、言い返す、そのときは、清々《せいせい》するかもしれませんが、あとに残るのは、さらに深い憎しみだけです。

ポジティブ１００％の人も、ネガティブ１００％の人もいません。人は誰しも、ポジティブを50％、ネガティブを50％持っています。だとすれば、「ポジティブな50％の部分を賞賛し合う」ほうが、よほど建設的です。

嫌悪や怒りで相手と向き合うのではなく、「グッドウィルキャンペーン（goodwill：好意、善意）」を行ってみればいいと私は思います。そして、「相手のポジティブな部分」に目を向けることができたとき、私たちは、親兄弟よりも仲良くなれるはずです。

20年前、アメリカを代表する２００人の女性起業家と交流をしたことがあります。なかには、「日本に行ったことがない。日本人の友だちもいない。日本とビジネスをしたこともない」のに、先入観に踊らされて「ジャパンバッシング」をする人もいました。

そこで私は、彼女たちの代表を日本に招いて、日本を知ってもらうことにしたのです。すると、**「日本人とはこれほど素晴らしいのか！　日本人に会うこともなく、本当の日本を知らずに、世論に流されていた自分たちは恥ずかしい」といって、考えをあらためてくれました。**隣国の人たちを批判する前に、ひとりの旅人としてその国に行き、友だちをつくってみてください。友だちができたら、日本に招待してみる。そうすれば、国対国の関係とは違った、人対人の関係に気づけるはずです。

行ったこともないのに、友だちもいないのに、その国を批判するのは恥ずかしいことです。「韓国人はこう。中国人はこう。日本人はこう」という先入観を捨て、レッテルを外して、国と国の大きな流れの外に出て、「今」を生きるひとりの人間同士として考えてみましょう。**メディアの情報を鵜呑みにしないで、「自分の実体験をベースに、自分の感性と、自分の頭で判断すること」が、本当の、人間の知性だと私は思います。**

自分の考えや譲れない主張がお互いにぶつかることがあっても…、私たちには、それを乗り越える英知も、勇気も、十分に持っているのです。

おわりに

私の人生の底流には、いつも、ひとつの言葉が響いています。その言葉は、

「Here, now」（今、ここに）。

気がつくと、いつもこの言葉が、体の中を心地よく流れています。「ここへ私を連れてきたのは誰？　何のために、今、私が？」と。

日本初の「電話相談サービス」である、ダイヤル・サービス（株）を立ち上げ、「赤ちゃん１１０番」「子ども１１０番」など、画期的なサービスを生み出したことで、今でこそ、「女性ベンチャー第1号」「ベンチャーの母」と呼ばれていますが、はじめからそれを望んでいたわけではありません。就職活動に完敗して、就職できなかったからこそ、起業家という思いもよらない道を歩むことになったのです。

私の人生は、いつも「思い通りにいかないこと」の連続でした。でも、考えてみると、「思い通りにいかなかったからこそ、私は、未知の自分と出会えたし、自分らしさに気づき、生きることができた」気がします。思ってもみなかった天からの贈り物を授かって、私は「今、ここに」います。逆境や試練が続いても、自分らしく輝く方法があります。

だいじょうぶ。今日がダメなら明日が、明日がダメならあさってには、きっといいことが待っているのですから！

本書が、そのヒントになればこれほど嬉しいことはありません。最後になりましたが…本書に推薦をいただきましたソフトバンクグループ（株）代表の孫正義《そんまさよし》さま、本書の企画を全面的にバックアップしていただきました河口湖オルゴールの森美術館代表の平《ひら》林良仁《ばやしよしひと》さま、本書の作成にご協力をいただきましたクロロスの藤吉豊さま、そして編集を担当していただきましたダイヤモンド社の飯沼一洋さまに、多大なる感謝を。

２０１５年１１月　ダイヤル・サービス株式会社　代表取締役社長　今野《こんの》　由梨《ゆり》

【参考文献】

・『道を開く』（松下幸之助／ＰＨＰ研究所）
・『いい言葉はいい人生をつくる』（斎藤茂太／成美文庫）
・『ベンチャーに生きる』（今野由梨／日本経済新聞社）
・『女の選択』（今野由梨／日本放送出版協会）

【出典】

［※1］出典：アイシェア
［※2］出典：ネスレ日本

【著者プロフィール】

今野由梨（こんの・ゆり）

ダイヤル・サービス株式会社代表取締役社長。

1936年三重県生まれ。津田塾大学英文学科卒業。「女のくせに」という偏見や罵声、既存の慣習の壁が次々と立ちはだかるなかで、1969年ダイヤル・サービス株式会社の設立にこぎつけ、日本初の電話育児相談サービス「赤ちゃん110番」を立ち上げる。「赤ちゃん110番」誕生の瞬間は、電話回線がパンクするほどの人気に。法規制と戦いながら、次々と時代のニーズに応え、ニュー・サービスを立ち上げた。中国、韓国をはじめ、アジアにも広い人脈を持つ。

1985年情報化月間「郵政大臣賞」受賞。1998年「世界優秀女性起業家賞」受賞。

2003年東京ガス株式会社・社外取締役就任（～2007年迄）。

2007年日本の経済社会への寄与による勲章「旭日中綬章（きょくじつちゅうじゅしょう）」を受章。

政府「税制調査会」、内閣府「生活産業創出研究会」、金融庁「金融審議会」、総務省「郵政公社設立準備委員会」のほか、厚生労働省、文部省、運輸省、通産省、郵政省、など、過去に44の審議会の公職歴をもつ。

【ダイヤル・サービス株式会社】
http://www.dsn.co.jp/

だいじょうぶ。

2015年11月19日　第1刷発行

著　者――今野由梨
発行所――ダイヤモンド社
〒150-8409　東京都渋谷区神宮前6-12-17
http://www.diamond.co.jp/
電話／03·5778·7227(編集)　03·5778·7240(販売)
装丁――――重原 隆
編集協力――藤吉 豊(クロロス)
本文デザイン·DTP――斎藤 充(クロロス)
製作進行――ダイヤモンド・グラフィック社
印刷――――勇進印刷(本文)・加藤文明社(カバー)
製本――――ブックアート
編集担当――飯沼一洋

ISBN 978-4-478-06698-0